¡VAMOS DE FIESTA!

A Harcourt Spanish Reading Program

¡VAMOS DE FIESTA!

A Harcourt Spanish Reading Program

VELITAS Y FIESTAS

AUTORES

Alma Flor Ada • F. Isabel Campoy • Juan S. Solis

CONSULTORA

Angelina Olivares

Harcourt

Orlando   Boston   Dallas   Chicago   San Diego

Visita *The Learning Site*

www.harcourtschool.com

¡Velitas y fiestas!

Querido lector:

¿Te gusta ir a diferentes lugares? Nunca se sabe a quién puedes conocer o lo que puedes aprender en cada lugar. La lectura puede ser para ti el medio que te lleve a nuevos lugares.

En **Velitas y fiestas**, las historias, poemas y artículos te llevarán a muchos lugares emocionantes. Algunos en el pasado, otros en el espacio exterior y ¡hasta en el centro de la Tierra! Allí conocerás personajes diferentes y aprenderás cosas muy interesantes. Quizá algunas historias te hagan reír a carcajadas.

Siempre hay algo que aprender en cada viaje. Al leer este libro, aprenderás a desarrollar tus habilidades como lector. La lectura es un viaje que puedes disfrutar toda tu vida.

Abrocha tu cinturón y abre bien los ojos porque el viaje está a punto de comenzar.

Atentamente,   *Los Autores*

Cuéntame un cuento

CONTENIDO

CONTENIDO

LUCÍA Y EL COMERCIO

ESTACIÓN DE BOMBEROS

ALMACÉN

¡Viva el mundo!

Contenido

LA
LAGARTIJA
Y EL SOL
Texto de Alma Flor Ada
Ilustraciones de Felipe Dávalos

COMO PIEDRAS RODANTES
Texto de
Philip Steele

Yo estoy
a cargo de las
celebraciones
Texto de Byrd Baylor
Ilustraciones de Peter Parnall

VISITANTES
DEL
ESPACIO
Texto de Jeanne Bendick
Ilustraciones de David Schleinkofer

La
tortuga
y los
patos
Fábula de Jean de la Fontaine
Adaptación de Beatriz Barnes
Ilustraciones de Julián Cicero

7

Estrategias
de lectura

Una estrategia es un plan que te ayuda a hacer algo bien.

Tal vez ya has usado algunas estrategias al leer. **Quizá observas el título y las ilustraciones antes de iniciar** la lectura. Después **piensas en lo que quieres saber.** Si aplicas las estrategias correctas, te convertirás en un mejor lector.

Consulta la lista de estrategias en la página 9. Aprenderás a usarlas cuando leas los cuentos de cada sección. Consulta la lista cuando leas un cuento para recordar las **estrategias adecuadas en cada caso.**

- Usar los conocimientos previos

- Hacer predicciones y confirmarlas

- Ajustar el ritmo de lectura

- Autopreguntarse

- Crear imágenes mentales

- Analizar el contexto para confirmar el significado

- Examinar la estructura del texto y el formato

- Usar elementos gráficos de apoyo

- Consultar fuentes de referencia

- Hacer una lectura anticipada

- Releer

- Resumir

Sigue estos consejos para evaluar tu comprensión:

 Copia la lista de estrategias en una tarjeta.

 Usa la tarjeta como separador en tu lectura.

✔ Al terminar la lectura habla con un compañero acerca de las estrategias que usaste.

Cuéntame

CONTENIDO

La mujer que brillaba aún más que el sol
Poema de Alejandro Cruz
Poema narrativo
Martínez, contado por Rosalma Zubizarreta
Lucía es una mujer a quien los habitantes del pueblo temen porque el río se enamoró de ella.

El niño que buscaba a ayer
de Claribel Alegría
Ficción
Cristóbal emprende la búsqueda de Ayer y aunque nunca lo encuentra, descubre los prodigios de Hoy.

los lectores

El son del ratón y otras canciones
de Rosario Anzola

Poesía

Báilalo pa'ca,
qué sabroso son,
báilalo pa'lla,
el son del ratón.

El pintorcito de Sabana Grande
de Patricia Maloney Markun

Ficción realista

Fernando vive con su familia en un pueblo de Panamá. Quiere pintar pero no tiene papel, así que decide pintar sobre otras cosas…

El sancocho del sábado
de Leyla Torres

Ficción realista

La mamá de María Lilí sabe muy bien que una docena de huevos es más que suficiente para preparar un delicioso platillo.

COLECCIÓN DE LECTURAS FAVORITAS

Coyote
acomoda
las
estrellas

Texto e ilustraciones
de Harriet Peck Taylor

Hace muchas, muchas lunas, hubo un coyote que vivía en un cañón a la orilla de un río veloz. Coyote pasaba los días vagando por los campos, espantando mariposas y olfateando flores silvestres. Muchas noches se quedaba despierto mirando el cielo estrellado.

Una noche de verano, mientras descansaba en la hierba fresca con su amigo Oso, a Coyote se le ocurrió una idea:

—¡Voy a subir al cielo a descubrir sus secretos!

Oso se rascó la cabezota y preguntó:

—¿Y cómo lo harás?

—Yo puedo llegar allá sin ningún problema —respondió Coyote.

Y es que Coyote era muy hábil con el arco y la flecha. Reunió un montón de flechas y empezó a dispararlas al cielo. La primera silbó al atravesar el aire y fue a clavarse en la luna. Coyote lanzó una segunda flecha que se clavó en la primera. ¡Swiiing! hizo la primera. ¡Swuuuung! hizo la siguiente, y luego lanzó otra y otra más, hasta formar una escalera con las flechas.

Entonces Coyote empezó a subir. Subió y subió durante varios días y noches hasta que por fin llegó a la luna. Luego durmió todo un día pues estaba exhausto.

Esa noche, a Coyote se le ocurrió otra gran idea: con las flechas que le quedaban tal vez podría cambiar de lugar las estrellas que lo rodeaban. Disparó la primera, que golpeó una estrella y la mandó al otro extremo del cielo. Coyote descubrió entonces que podía poner las estrellas donde quisiera.

Sacudió su cola esponjada y dio un aullido de felicidad: haría figuras en el cielo para que todos las vieran.

Primero decidió hacer un coyote, así que disparó sus flechas una tras otra hasta que las estrellas se acomodaron en forma de coyote. Luego se acordó de su amigo Oso y colocó las estrellas en forma de oso.

Coyote se afanó toda la noche creando imitaciones de todos sus
amigos: Puma, Caballo, Cabra, Pez, Búho y Águila. Con las estrellas
que le sobraron hizo un gran camino que atravesaba el cielo.
Cuando terminó, empezó a bajar por su escalera de regreso a la Tierra.

Esa noche, cuando apareció la brillante luna por el este, Coyote
contempló su obra y soltó un larguísimo ¡Auuuuuu! El viento
dispersó su aullido entre las sombras del cañón. Pájaros y animales
despertaron de repente y escucharon atentos el misterioso sonido.
Parecía llamarlos. Acudieron de los cañones y mesetas, de las colinas
y llanuras en busca del sonido.

Los osos salieron precipitadamente de sus madrigueras. Corrieron las ardillas, y los conejos bajaron las colinas brinca que te brinca. Los gatos monteses marchaban con cautela y los erizados puercos espines caminaban pesadamente por el sendero. Gráciles galopaban los venados, mientras por el desierto se arrastraban lentamente los lagartos. Chapoteaban los peces plateados al nadar río arriba. El poderoso Puma y algunos rebaños de búfalos se unieron al viaje.

La majestuosa Águila graznó sobre las montañas iluminadas por la luna. Uno tras otro desfilaron los animales atraídos por la mágica voz de Coyote.

Por fin apareció Coyote en lo alto de una roca. Los animales formaron un gran círculo y todos guardaron silencio. En los ojos de Coyote brillaba una chispa de orgullo cuando dijo: —¡Pájaros y animales, y todos los que se han reunido aquí! Les pido que miren al cielo, verán que las estrellas están acomodadas en forma de distintos animales. Yo hice una escalera hasta la luna y desde allá disparé mis flechas para formar las figuras que ven ahora.

Cuando los animales levantaron la vista, se elevó un coro de ladridos y exhalaciones, chillidos y graznidos, que llenó el aire. —Hice un coyote y a mi amigo Oso. También verán al misterioso Búho, a la majestuosa Águila, a la Cabra, al Caballo, al Pez y al poderoso Puma. Ésta es mi obra y espero que quienes la vean recuerden a Coyote y a todos los animales del cañón.

Los animales celebraron una gran fiesta para Coyote
y cantaron y bailaron toda la noche. Luego decretaron que
Coyote era el más listo y el más hábil de todos los
animales.

Coyote estaba tan agradecido con todos que prometió:

—Siempre seré su amigo y el amigo de los hijos de
sus hijos.

Por eso, hasta el día de hoy, si escuchas con atención en la quietud de la noche, cuando la luna está saliendo, podrás oír el aullido mágico de Coyote, quien te invita a que te asomes a la ventana, contemples las figuras de las estrellas y sueñes.

Piénsalo

1. ¿Qué hizo Coyote con las estrellas del cielo nocturno? ¿Por qué?

2. ¿Qué figuras habrías formado tú con las estrellas?

3. De acuerdo con la historia, ¿por qué aulló Coyote?

Conoce a la autora e ilustradora

Harriet Peck Taylor

"Coyote acomoda las estrellas" fue mi primer libro. Es mi propia versión de un cuento tradicional indígena que explica cómo se formaron las constelaciones. Mientras lo escribía, conocí a un coyote de verdad. Todos los días me seguía cuando salía a pasear. A veces aullaba cuando me veía. Un día no lo vi, así que traté de aullar como él para llamarlo. Para mi sorpresa, el coyote respondió con un aullido y salió de donde estaba. Verlo de cerca me ayudó a dibujar las imágenes del libro.

Hice las ilustraciones con una técnica llamada *batik*. El *batik* se hace aplicando cera caliente sobre una tela y después pintura de colores. Es muy divertido porque puede agregarse un color sobre otro hasta crear muchos tonos diferentes. Intenta crear tus propios *batiks*, pero pide la ayuda de un adulto.

Harriet Peck Taylor

Visita *The Learning Site*
www.harcourtschool.com/reading/spanish

Taller de actividades

Encuéntrame en la roca

HAZ UN ANUNCIO

Los animales se reunieron en la roca al escuchar los aullidos de Coyote. Supón que Coyote pone un anuncio en el periódico en lugar de usar aullidos para pedirles que se reúnan. Escribe un anuncio que explique el evento a los animales.

Dibujos de estrellas

DIBUJA UNA CONSTELACIÓN

Los grupos de estrellas que forman figuras se llaman constelaciones. Consulta un libro sobre las estrellas o una enciclopedia y busca el nombre y la forma de alguna constelación. Dibújala con una serie de puntos. Invita a uno de tus compañeros a unir los puntos para completar la figura.

Festival de estrellas

COMPÓN UNA CANCIÓN

Los animales cantan y bailan para celebrar la obra de Coyote. Con un compañero, escribe una canción sobre el astuto y hábil Coyote. Pueden usar una tonada que conozcan. Muestren su canción al resto de la clase.

¡Gracias, Coyote!

ESCRIBE UNA CARTA

A los animales les encantó la obra de Coyote. Escribe una carta de agradecimiento a nombre de alguno de los animales. Explica por qué crees que fue buena idea formar figuras con las estrellas. Decora tu carta con la constelación que lo represente.

Secuencia

En "Coyote acomoda las estrellas", Coyote elabora un plan y lo lleva a cabo en un orden específico, es decir, en **secuencia**. En ocasiones, los autores utilizan palabras que permiten al lector conocer el orden en que ocurren los sucesos: **primero, después, a continuación, más tarde** y **por último.**

El siguiente diagrama muestra la secuencia de los sucesos en "Coyote acomoda las estrellas". Observa los cuadros y las flechas para seguir la secuencia correcta.

Primero, Coyote construye una escalera de flechas para llegar a la luna.

Después, dispara flechas a las estrellas para hacer los retratos de sus amigos los animales.

Más tarde, regresa a la Tierra y llama a los animales para que vean sus fotografías en el cielo.

Por último, los animales celebran la obra de Coyote.

Cuando leas un cuento, piensa en la secuencia. Esto te ayudará a comprender las ideas y sucesos que llevan al final de la historia. Usa como pistas las palabras que señalen el orden de los sucesos.

Lee el siguiente párrafo. ¿Qué sucedió primero, después y por último?

> "**P**rimero decidió hacer un coyote, así que disparó sus flechas una tras otra hasta que las estrellas se acomodaron en forma de coyote. Luego se acordó de su amigo Oso y colocó las estrellas en forma de oso."

¿QUÉ HAS APRENDIDO?

1. Vuelve a leer uno de tus cuentos favoritos. Haz una lista con las palabras que te ayuden a comprender la secuencia de los sucesos.

2. ¿Qué pasaría si los sucesos de "Coyote acomoda las estrellas" no tuvieran una secuencia?

Visita *The Learning Site*
www.harcourtschool.com/reading/spanish

INTÉNTALO ■ INTÉNTALO

Piensa en tu juego preferido. ¿Cuáles son los pasos necesarios para jugarlo? Escríbelos en el orden correcto.

Para jugar este juego, se necesita:

1. Primero,
2. Después,
3. A continuación,
4. Por último,

POR QUÉ ZUMBAN LOS MOSQUITOS

Medalla
Caldecott

Un cuento de África
Occidental
Adaptación de
Verna Aardema
Ilustraciones de
Leo y
Diane Dillon

33

UNA MAÑANA, un mosquito vio
una iguana bebiendo en un charco.

—Iguana —dijo el mosquito—, no vas a creer lo
que vi ayer.

—Cuéntame —dijo la iguana.

El mosquito dijo:

—Vi a un granjero sacando batatas que eran casi
tan grandes como yo.

—¿Qué es un mosquito comparado con una
batata? —contestó bruscamente la iguana de mal
humor—. ¡Prefiero estar sorda antes que escuchar
semejante tontería! —Entonces se metió dos ramitas
en los oídos y se marchó —mek, mek, mek, mek—
entre los juncos.

La iguana estaba todavía
refunfuñando cuando pasó cerca de un pitón.
La enorme serpiente levantó la cabeza y dijo:

—Buenos días, Iguana.

La iguana no respondió, sino que siguió su
camino, meneando la cabeza... badamin, badamin.

—Vaya, ¿por qué no me hablará? —se preguntó el
pitón—. Iguana debe de estar enojada. ¡Me temo que
está tramando algo contra mí! —Y empezó entonces
a buscar dónde esconderse. El primer lugar que
encontró fue una madriguera de conejos y allí se
metió... uazauzzu, uazauzzu, uazauzzu.

Cuando el conejo vio que la gran serpiente
entraba en su madriguera, se asustó. Se escabulló por
la parte de atrás y salió corriendo a toda prisa —crik,
crik, crik— a través de un claro.

Un cuervo vio al conejo que corría como alma que
lleva el viento y echó a volar por la selva gritando:
¡cra, cra, cra! Era su deber dar la voz de alarma en
caso de peligro.

38

Un mono oyó al cuervo y pensó que alguna fiera peligrosa rondaba cerca. Entonces empezó a chillar y saltar —quili uili— entre los árboles para avisarles a los otros animales.

El mono saltaba de una copa a otra de los árboles, cuando de repente se apoyó sobre una rama seca. Ésta se rompió, cayó sobre el nido de una lechuza y mató a una de las lechucitas.

Mamá Lechuza no estaba en casa. Aunque generalmente cazaba sólo de noche, esa mañana todavía se hallaba buscando un bocado más para sus hambrientas crías. Cuando volvió al nido, encontró que una de ellas estaba muerta. Las otras lechucitas le dijeron que el mono la había matado. Durante todo el día y toda la noche Mamá Lechuza estuvo sentada en su árbol... ¡Oh, qué tristeza!

Mamá Lechuza era quien despertaba al sol todas las mañanas para que llegara el amanecer. Pero esta vez, cuando llegó la hora de llamar al sol, Mamá Lechuza permaneció callada.

La noche se hizo cada vez más larga. Los animales de la selva se dieron cuenta de que la noche duraba demasiado. Empezaron a temer que el sol no volvería jamás.

40

Finalmente, el Rey León convocó a los animales a una reunión. Todos vinieron y se sentaron —puom, puom, puom— alrededor de una hoguera. Como Mamá Lechuza no apareció, mandaron al antílope a buscarla.

Cuando ella llegó, el Rey León le preguntó:

—Mamá Lechuza, ¿por qué no has llamado al sol? La noche se ha hecho muy larga, muy larga, y todo el mundo está preocupado.

—El mono mató a una de mis lechucitas —dijo Mamá Lechuza—. Por eso es que no tengo ánimo para despertar al sol.

—¿Oyeron eso? —dijo el Rey a los animales allí reunidos—. El mono mató a la lechucita y ahora Mamá Lechuza no quiere despertar al sol para que llegue el día.

Entonces el Rey León llamó al mono, quien se presentó ante él, mirando nerviosamente de un lado a otro... rim, rim, rim, rim.

—Mono —dijo el Rey—, ¿por qué mataste a una de las crías de Mamá Lechuza?

—Oh, Rey —dijo el mono—, fue culpa del cuervo. Él gritaba y gritaba para advertirnos de un peligro. Y yo comencé a saltar entre los árboles con la intención de ayudar. Pero una rama no soportó mi peso, se rompió y ¡paaaf! caí en el nido de la lechuza.

El Rey se dirigió al consejo:

—De modo que fue el cuervo quien alarmó al mono, quien mató a la lechucita, y ahora Mamá Lechuza no quiere despertar al sol para que llegue el día.

Después el Rey llamó al cuervo. El gran pájaro llegó dando aletazos y dijo:

—¡Rey León, la culpa la tuvo el conejo! Lo vi corriendo en pleno día como alma que lleva el viento. ¿No era ésta suficiente razón para dar la voz de alarma?

El rey asintió con la cabeza y dijo al consejo:

—De modo que fue el conejo quien espantó al cuervo, quien alarmó al mono, quien mató a la lechucita, y ahora Mamá Lechuza no quiere despertar al sol para que llegue el día.

Luego el Rey León llamó al conejo. El tímido animalito se detuvo ante él, lleno de dudas, agitando una pata temblorosamente en el aire.

—Conejo —rugió el león—, ¿por qué violaste una ley de la naturaleza y te pusiste a correr en pleno día?

—Oh, rey —dijo el conejo—, fue por culpa del pitón. Yo estaba muy tranquilo en

44

mi casa, cuando entró esa enorme serpiente, me asustó y salí corriendo.

El Rey dijo al consejo:

—De modo que fue el pitón quien asustó al conejo, quien espantó al cuervo, quien alarmó al mono, quien mató a la lechucita, y ahora Mamá Lechuza no quiere despertar al sol para que llegue el día.

45

El Rey León llamó al pitón, quien pasó deslizándose por delante de los otros animales... uazauzzu, uazauzzu, uazauzzu.

—¡Pero, Rey —protestó el pitón—, fue culpa de la iguana! No quería hablarme y yo pensé que tramaba algo contra mí. Cuando me metí en la madriguera del conejo, sólo trataba de esconderme.

El Rey dijo al consejo:

—De modo que fue la iguana quien atemorizó al pitón, quien asustó al conejo, quien espantó al cuervo, quien alarmó al mono, quien mató a la lechucita, y ahora Mamá Lechuza no quiere despertar al sol para que llegue el día.

47

Pero la iguana no estaba en la reunión porque no había oído el llamado. El antílope fue enviado a buscarla.

Todos los animales se echaron a reír cuando vieron que llegaba la iguana —badamin, badamin—, ¡con las ramitas metidas todavía en los oídos!

El Rey León le sacó las ramitas... purrup, purrup.
Entonces le preguntó:

—Iguana, ¿qué cosas has estado tramando contra
el pitón?

—¡Ninguna! ¡Ninguna en absoluto! —gritó la
iguana—. ¡Pitón es mi amigo!

—¿Entonces por qué no me saludaste esta
mañana? —preguntó la serpiente.

—¡No te oí! ¡Ni siquiera te vi! —dijo la iguana—. Mosquito me contó una mentira tan grande que no quise seguir escuchándolo, y me tapé los oídos.

—¡Ung! ¡Ung! ¡Ung! —rió el león—. ¡Por eso es que tenías ramitas en los oídos!

—Sí —respondió la iguana—. Fue por culpa del mosquito.

El Rey León dijo al consejo:

—De modo que fue el mosquito quien fastidió a la iguana, quien atemorizó al pitón, quien asustó al conejo, quien espantó al cuervo, quien alarmó al mono, quien mató a la lechucita, y ahora Mamá Lechuza no quiere despertar al sol para que llegue el día.

—¡Castiguen al mosquito! ¡Castiguen al mosquito! —gritaron todos los animales.

Cuando Mamá Lechuza escuchó eso, quedó conforme. Volvió la cabeza hacia el este y empezó a ulular:

—¡Uuu! ¡Uuuuuu! ¡Uuuuuuu!

Y salió el sol.

51

Mientras tanto, el mosquito lo había oído todo desde un arbusto cercano. Se metió por debajo de una hoja ondulada –zimmm– y nunca lo encontraron para llevarlo ante el consejo.

Desde entonces al mosquito le remuerde la conciencia. Por eso hasta el día de hoy va zumbando en los oídos de la gente:

–¡Zzzzz! ¿Todavía está todo el mundo enojado conmigo?

Y cuando hace eso, siempre recibe una pronta respuesta.

¡PLAF!

PIÉNSALO

1. ¿Por qué las acciones de la iguana hicieron que la Mamá Lechuza no despertara al sol?

2. ¿Qué cambios realizarías si el mosquito te hubiera contado la historia de las batatas?

3. ¿Qué tipo de historia es ésta? ¿Por qué crees que aún se sigue contando?

53

LEO Y DIANE DILLON

¡Leo y Diane Dillon han trabajado juntos desde hace más de treinta años! Se conocieron, se casaron y ahora viven en Nueva York. Pero, ¿qué hacían antes de conocerse?

En su adolescencia, Leo Dillon solía dibujar todo lo que le gustaba. Aunque sus padres apreciaban su talento, deseaban que se convirtiera en abogado o doctor. A diferencia de Leo, Diane no quería ser artista. Ella deseaba ser enfermera. Después de tomar algunas lecciones de arte, Diane decidió inscribirse en una escuela de arte. Fue ahí donde conoció a Leo.

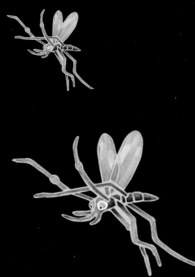

Los Dillon han creado varias portadas de libros, revistas, carteles y libros infantiles. Cuando trabajan juntos, ambos hacen bocetos distintos y se los pasan entre sí para revisarlos. Cada quien dibuja una imagen diferente. Leo y Diane han ganado muchos premios, incluidas dos medallas Caldecott en dos años seguidos.

Leo Dillon

Diane Dillon

Visita *The Learning Site*
www.harcourt school.com/reading/spanish

La hormiga y la paloma

Texto de **Tom Paxton**
Ilustraciones de **David Galchutt**

Una hormiga tenía sed y quiso beber agua.
De pronto, la corriente creció
Y el agua la arrastró.
Parecía que se ahogaría.
Una paloma tomó una rama
Y la dejó caer junto a la hormiga.
La hormiga se sujetó
Y trepó hasta llegar a la orilla.

Poco después, un cazador
Puso una trampa
Para atrapar a la paloma.
La hormiga subió a su pierna
Y lo mordió con fuerza,
Y el cazador huyó.
¡No lo olvides hermana!
¡No lo olvides hermano!
El bien que se hace con el bien se paga.

Piénsalo

¿Por qué es especial la amistad
entre la hormiga y la paloma?

TALLER DE ACTIVIDADES

EN LENGUAJE MOSQUITO

CUENTA UN CUENTO

Imagínate que eres un mosquito y cuenta la historia a tu manera. Explica lo que pasó con las batatas y di qué sucedió después. ¿Fue justo que te culparan?

SUCEDIÓ ASÍ

CREA UN CUENTO DE POR QUÉ

Pourquoi es una palabra en francés que significa "por qué". Esta historia explica por qué los mosquitos zumban en los oídos de las personas. Escribe una historia que explique algo parecido. Por ejemplo, por qué los tigres tienen franjas en su piel, por qué los grillos cantan, o por qué los topos viven debajo de la tierra. Después actúa tu historia ante la clase.

ÁFRICA OCCIDENTAL

ESCRIBE UN INFORME

Esta historia tuvo su origen en África Occidental. Con un compañero, investiga acerca de esta región de África. ¿Qué países conforman África Occidental en la actualidad? ¿En qué suelen trabajar sus habitantes? ¿Qué animales viven en esta zona? Escribe un informe con los datos.

HACER CONEXIONES

ESCRIBE UN CUENTO

¿Qué crees que pasaría si la hormiga y la paloma conocieran al mosquito de "Por qué zumban los mosquitos". ¿Qué crees que dirían? Escribe un cuento sobre lo que piensas que la hormiga y la paloma sugerirían al mosquito para asustar a los demás.

CAMILA

Texto de Silvia Molina

Y EL PAPEL

Ilustraciones de Osvaldo Barra

Allá en la Sierra de Puebla, en un lugar llamado San Pablito, vive Camila, una niña otomí.[1]

El papá de Camila es artesano; desde niño hace papel de amate[2] porque su abuelo le enseñó.

La familia de Camila emplea la misma técnica que usaron sus antepasados y los aztecas,[3] hace cientos de años, para elaborar el papel de sus libros que nosotros llamamos códices.[4]

Cuando Camila sale de la escuela, ayuda a su papá: busca cerca de su casa un árbol de amate.

La corta, le raspa la corteza, deshilacha la fibra y cuelga de una soga las tiritas que hizo.

Más tarde, su papá hierve con cal y ceniza las fibras deshebradas; luego las enjuaga y las extiende sobre una tabla.

---

[1] otomí: Oriunda del pueblo otomí que habitaba la parte central del territorio del México prehispánico.

[2] amate: Árbol que crece en algunas regiones cálidas de México que se utiliza para hacer papel.

[3] aztecas: Oriundos del pueblo del mismo nombre que habitaba la parte central del actual México cuando Cristóbal Colón descubrió América.

[4] códices: Libros de los aztecas y de otros pueblos prehispánicos. Los códices no contenían letras sino dibujos.

Camila observa con cuánto cuidado su
papá va formando una especie de cuadrícula,
semejante a la de los cuadernos de la escuela.

Lo que más le gusta a Camila es ver cómo
su papá machaca con una piedra las fibras
empapadas, para que se aplasten. Le encanta

mirar que al aplanarse van uniéndose hasta quedar convertidas en una hoja de papel.

El papá de Camila deja al sol las hojas que va haciendo. Una vez secas, están listas para que el tío José las venda el domingo a los artesanos del estado de Guerrero, quienes pintan sobre ellas figuras de colores.

Camila ha estado preguntándose de qué árbol estará hecho el papel de su cuaderno, porque es muy diferente al que hace su familia.

Sin embargo, los dos son frágiles porque puede doblarlos, arrugarlos y cortarlos; y son resistentes porque soportan el lápiz, la goma, la pintura y el carbón. Absorben el agua; y los hongos y los ratones los lastiman por igual.

Una tarde, Camila preguntó a su papá si podían hacer un papel ligero y blanco como el de su cuaderno de la escuela. ¿Sabes qué le contestó?

Que el papel del cuaderno y muchísimos más se hacen en fábricas, con madera. Y le explicó que unas máquinas conducen los leños a una revolvedora gigante que les quita la corteza y los limpia muy bien con agua y vapor.

Camila trataba de imaginar lo que contaba su papá; ¿cómo serían las máquinas que cortan y trituran la madera hasta que obtienen la pulpa que tiene mucha agua?

—¿Y qué hacen con la pulpa? —preguntó Camila.

—La tratan con productos químicos, como blanqueadores, y luego la cuelan en unos filtros que dejan escapar el agua y sólo retienen las fibras desmenuzadas que al juntarse forman el papel.

Su papá le explicó cómo después el papel es llevado a unos rodillos que lo prensan, lo secan y lo enrollan. Camila estaba realmente sorprendida; había pensado que todo el papel era de hecho a mano... orgullosa comprendió que su familia es una de las muy pocas que hacen este tipo de papel.

Piénsalo

1. ¿Con qué árbol hace papel la familia de Camila?

2. ¿Cómo podemos saber que Camila es muy observadora?

3. ¿Puede la familia de Camila hacer papel como el de su cuaderno de la escuela? ¿Por qué?

Nací en Ciudad de Concepción, Chile, en 1922. Creo que siempre he sido ilustrador. A muy temprana edad se manifestó en mí la vocación. En mi niñez usaba las velas que encontraba en casa para hacer con ellas figurillas. Cuando un maestro de ciencias observó mi facilidad para dibujar, me invitó a asistir a un taller de escultura donde se reproducían héroes nacionales.

En Chile fui ayudante de un pintor con el que conocí el muralismo, que es el arte de pintar en grandes superficies de pared. Cuando llegué a México, en 1953, realicé lo que tanto deseaba: conocí al gran pintor muralista mexicano Diego Rivera con quien aprendí mucho.

En 1996 la embajada de Chile en México me otorgó la condecoración "Gabriela Mistral"

en Artes Plásticas. Empecé a ilustrar libros de texto para niños porque pienso que son como un mural, pero en chiquito, y que sirven para que el estudiante aprenda.

Para ilustrar este cuento quise conocer San Pablito, observar su paisaje, sus habitantes, flora y animales que lo rodean.

Las aplicaciones

Cuando el hombre
dejó de usar los
árboles como guarida
y encontró otros
alimentos además
de los frutos, el árbol
comenzó a serle útil
para otros fines.

La madera y su
derivado, el carbón,
fue el combustible
más importante
durante muchos
siglos. La madera
también sirve para
fabricar papel, y
la gruesa corteza
de los alcornoques
suministra el corcho.

de la madera

También el caucho procede de un árbol, concretamente de la resina del llamado "árbol de goma".

Hay maderas de gran belleza y valor, como la caoba y el ébano, que se utilizan para fabricar muebles y objetos de lujo. Hay maderas aromáticas, como el sándalo, y otras superligeras, como la balsa, que se utiliza en aeromodelismo. Incluso hay maderas que son más densas que el agua y no flotan.

CARBÓN

TALLER DE

PASO A PASO

HAZ UN ESQUEMA

En el texto, el papá de Camila le explica el proceso para fabricar otro tipo de papel. Numera cada uno de esos pasos. En un pliego de papel bond haz un esquema con los pasos para hacer papel.

FAMILIA DE ARTESANOS

ESCRIBE UN PÁRRAFO

La habilidad de la familia de Camila para hacer papel amate no es reciente. Escribe en un párrafo de dónde proviene esa técnica y quiénes la usaban. Intercambia tu escrito con el de un compañero. Léanlo y comenten sus opiniones.

ACTIVIDA

ESTIMADA CAMILA

ESCRIBE UNA CARTA

Supongamos que Camila es tu amiga y que hace mucho tiempo no la ves. Escríbele una carta en la que le des tu opinión acerca del oficio de su familia y le digas a qué se dedica la tuya. Léela en tu grupo.

MANOS DE ARTISTA

HAZ UN COLLAGE

En los periódicos y revistas suelen aparecer imágenes y letreros interesantes. Recorta varios letreros a tu gusto y pégalos sobre una cartulina. Agrégales estratégicamente trozos de diferentes materiales como: tela, hilo, cartón, plástico, diamantina y otros de tu agrado. Muestra tu collage a tu grupo.

Paulina ya lo sabe

Texto de
Gabriela Moya

Ilustraciones de
Óscar Acevedo

Paulina ha contemplado el cielo estrellado en incontables ocasiones y en la escuela ha aprendido mucho acerca de nuestro sistema solar. Sabe de memoria incluso el nombre de todos los planetas que lo forman. Por eso hasta hoy Paulina estaba segura de que existían muchas estrellas. Mil le parecía un número más que suficiente.

Pero ahora que está con su padre en el planetario escuchando las explicaciones del astrónomo no logra salir de su asombro: resulta que las estrellas no son mil, ni siquiera cien mil. El astrónomo dice que nuestro sistema solar es parte de una galaxia llamada Vía Láctea que está formada por millones de sistemas solares iguales al nuestro o mucho más grandes. Y más allá de la Vía Láctea, hay otras galaxias gigantescas también con millones y millones de estrellas y planetas.

Paulina no sospechaba que vivía en un universo tan enorme. Pensar en números tan grandes le produce sensación de vértigo, pero le agrada darse cuenta de lo maravilloso que es descubrir algo que antes ignoraba.

Aún no se recupera de la sorpresa cuando ya su padre la lleva al siguiente punto del paseo: el zoológico. Al pasar por donde están los elefantes, se queda escuchando lo que un guía cuenta a un grupo de jóvenes.

—Los elefantes no son los mamíferos más grandes del planeta, los supera la ballena. Pero son en cambio bastante hábiles, tanto, que pueden desenterrar la raíz de una batata sin romperla y son mejores nadadores que muchos otros animales terrestres.

—¿Qué comen los elefantes?— se atreve a preguntar Paulina.

—Comen unos trescientos kilos de hierba diariamente —contesta el guía.

—¿Para qué sirve su trompa? ¿Cómo se acuestan para dormir? — sigue preguntando Paulina.

Y habría seguido así si la prudencia no hubiera indicado al guía seguir mostrando el zoológico a los estudiantes.

Después de un día de tantos descubrimientos, Paulina se va a dormir extenuada pero feliz. Antes de acostarse se asoma por la ventana y contempla su jardín. Se da cuenta de todo lo que hay por descubrir también allí. ¿Cómo crecen las flores? ¿Dónde viven las abejas? ¿Por qué es verde el pasto? ¿Por qué las hormigas caminan en fila? Cuando cierra los ojos ya bullen en su mente una decena de preguntas.

Por la mañana lo primero que hace es salir al jardín a buscar las respuestas. Observa y descubre que las hormigas pueden cargar hojas más grandes que ellas mismas, y que las abejas se dirigen al panal que cuelga de un árbol después de volar sobre las flores.

Pero Paulina no queda satisfecha. Sabe un poco más pero hay muchas otras preguntas sin respuesta todavía.

Ver a las abejas volar tan cerca de la flores la hace sospechar. "Algo que tienen les debe encantar a las abejas." Paulina corre a pedir prestada la lupa de su papá y observa con ella todas las flores del jardín. Pero lo único que ve a través del lente de aumento son selvas en miniatura formadas por muchos arbolitos amarillos. Selvas diminutas que, por cierto, no contestan su pregunta.

Paulina busca a su mamá hasta que la encuentra en la cocina.

—Mamá, ¿qué tienen las flores que atraen a las abejas?

A la madre de Paulina le alegra ver que su hija se ha vuelto tan curiosa, y responde a sus preguntas.

—Las flores tienen el néctar que las abejas necesitan para hacer miel.

—¿Por qué es verde el pasto?

— Porque tiene clorofila.

—¿Qué es la clorofila?

Hay respuestas que su mamá no conoce, por eso recomienda una visita a la biblioteca.

—Tu papá y yo te vamos a mostrar todo lo que puedes encontrar ahí.

La biblioteca es enorme y en sus estantes hay libros sobre todos los temas. En un libro de botánica Paulina descubre qué es la clorofila y para qué la usan las plantas.

Conforme más lee, a Paulina se le ocurren más preguntas. Ahora quiere averiguar cómo supieron las personas que escribieron esos libros todo lo que pusieron en ellos.

—Hay muchas formas de conocer, Paulina. Quizá la primera condición sea que alguien se haga una pregunta y esté decidido a buscar la respuesta —contesta su papá.

—A veces las respuestas nos llegan casi por azar, si estamos atentos, seguramente las podremos ver. Pero la mayoría de las veces, buscar respuestas requiere paciencia. Es necesario observar con cuidado, hacer pruebas, experimentar, buscar lo que otros saben del tema. Hay personas que dedican toda su vida a buscar respuestas, se les llama investigadores —agrega su mamá.

Paulina se queda seria y pensativa durante un rato. Recuerda lo que ha hecho durante los últimos días y lo compara con lo que han dicho sus papás. Paulina tiene una idea.

Al regresar a casa, va directo a su habitación no sin antes advertir a sus papás que les tiene una sorpresa. Los padres se miran intrigados.

Cuando suben a su cuarto la encuentran dormida sobre el escritorio. Junto a ella hay lápices de colores y un cartel. En él se puede leer: Paulina, investigadora profesional.

Piénsalo

1. ¿Cuántas estrellas suponía Paulina que existían en el cielo?

2. ¿Por qué crees que a Paulina se le venían a la mente tantas preguntas?

3. ¿Te parece que en la biblioteca es posible encontrar la respuesta a cualquier pregunta?

Taller de actividades

¿Y por qué?

ENTREVISTA PERSONAJES

Como Paulina, la protagonista del cuento, tú tienes una curiosidad inagotable que te obliga a hacer preguntas. Imagina que te encuentras a un domador de leones, a un astronauta y a un marinero. ¿Qué les preguntarías acerca de su trabajo? Redacta dos preguntas que harías a cada uno y léelas ante el grupo.

Sabia opinión

DA UN PUNTO DE VISTA

Si tuvieras un hermanito que también fuera muy preguntón y tu familia ya no supiera qué hacer con él, ¿qué sugerirías para solucionar el problema? Escribe un párrafo en el que desde tu punto de vista acerca de ese tipo de niños y lo que tú propondrías como solución.

Un grupo especial

DESCRIBE UN SUCESO

Supongamos que Paulina forma parte de tu grupo y se la pasa haciendo preguntas todo el día. Redacta en dos o tres párrafos cómo se desarrollaría una clase en tu salón con alguien tan curioso como ella; cuál sería tu reacción, la de tus compañeros y sobre todo la del maestro. Al final, lean en pequeños equipos lo que cada uno escribió.

¡Viva la vida!

HAZ UNA OBSERVACIÓN

El mayor premio que Paulina recibió de sus padres por su creativa curiosidad fue el apoyo y la atención que le dieron. Así como ella, tú puedes descubrir lo bello de la vida. Observa lo que más te gusta y anótalo en un cuaderno para después leerlo en tu grupo. Se verá mejor si lo ilustras con algunos dibujos.

La rana amarilla

Texto de David Martín del Campo
Ilustraciones de María de Jesús López Castro

Parecía que aquella lluvia no iba a terminar nunca.

El agua lo mojaba todo: los árboles, las casas, la ropa tendida, el bigote de los gatos.

Llovía tanto que hasta los peces comenzaron a usar paraguas.

Felices, las ranas y los sapos cantaban en el estanque celebrando la fiesta de la lluvia:

—¡Croooac, croooac!

Sin embargo, una de las ranas permanecía en silencio y pensaba: "Ay, cómo vine a dar hasta aquí", porque su piel no era verde, sino amarilla.

La rana amarilla se aproximó al estanque
y observó a las otras ranas que saltaban
como flechas de una orilla a otra.

—A que no llegas tan lejos como yo
—retaba una, y las demás ya estaban
alargando sus ancas para alcanzarla.

Un sapo morado que tenía rato
observando a la rana amarilla,
saltó a su lado y le preguntó con ronca voz:

—¿Por qué no saltas como las otras ranas
muchacha?

La rana amarilla miró al sapo y pensó...
"Qué tipo tan horrible."

—Es que yo vivía en ese árbol —le respondió—,
pero la lluvia me tiró. No conocía este lugar.

—¡Ah!, eres una de esas ranas aburridas que viven
en los árboles —adivinó el sapo en tono burlón—.
Apuesto lo que quieras a que no
puedes saltar hasta la otra orilla
del charco.

—Puedo hacer el intento
—dijo la rana arbórea con
timidez, y acto seguido dio
un salto con todas sus
fuerzas ¡zuuuuumn!,
y fue a caer dando
maromas en la mitad
del estanque, salpicando
a las ranas verdes
que ya se burlaban.

—¡Croooac, croooac qué rana tan torpe!

—¡Croooac, croooac una rana que no salta!

El sapo morado se impuso con un grito:

—¡Silencio, ranas verdes, que aquí manda el sapo!

Y dirigiéndose a la rana amarilla, le aconsejó:

—Mira, querida rana flacucha, lo que necesitas es alimentarte bien. Comer como comemos los sapos morados. ¿Quieres tener ancas fuertes y poderosas como éstas? —el sapo mostraba sus patas traseras, gordas como cebollas.

La rana amarilla no tuvo más remedio que admitir:

—...Sí, quiero.

—¡Claro que quieres, amiga rana! —el sapo manoteaba sus aletas sobre el lomo de la ranita—. Ven conmigo y sigue mis consejos.

El sapo y la rana saltaron un trecho: ¡tooin, tooin; tuin-tuin-tuin; tooin, tooin...!, hasta llegar al pie de un árbol que la rana miró. "Sí, sí; es mi árbol", se dijo al reconocerlo.

—Espérame aquí un momento —advirtió
el sapo mientras se metía a un hoyo
junto al tronco del árbol.

Desde las ramas superiores escurrían
todavía algunas gotas de lluvia, chip, chip, chip.
"¡Cómo fui a caerme!", pensó la rana mirando
su árbol con tristeza, cuando una voz como
tambor llamó su atención.

—Aquí tienes, querida amiga rana —era el sapo
morado, que le ofrecía una bolsa de papel cerrada.

—¿Qué es esto? —preguntó la rana amarilla.

—Una sorpresa... Cómete todo lo que encuentres
aquí adentro; sólo así tendrás ancas fuertes y gordas
como las mías —indicó el sapo.

"Lo que yo quiero es regresar a mi árbol",
pensaba la rana.

Y mientras desataba la bolsa de papel, el sapo
se alejó rumbo al estanque. ¡Tooin, tooin!

Por fin desató la bolsa, ¡ochenta y tres moscas
volaron de adentro!, ¡bsssss, bssss!, revoloteándole
por la cabeza.

Una hora después, mientras la rana permanecía
mirando a sus compañeras amarillas que jugaban
en la copa del árbol, el sapo regresó:

—¿Qué tal, querida amiga rana? —dijo con
su voz de catarro—, ¿te gustó la comida?

La rana movió sus ojitos.

—¿Estaban sabrosas las mosquitas? —insistió
el sapo morado—. Me tardé mucho cazándolas.

—¿Mucho?

—Eran moscas peludas... las más sabrosas, ¿verdad?

La rana volvió a mover sus ojitos en silencio. Entonces el sapo abrió su bocota y preguntó otra vez:

—¿Te gustaron? —porque al hablar de eso, se le había despertado el apetito.

—Se fueron... —dijo por fin la ranita.

—¿Se fueron?, ¿quiénes? —y el sapo volteó a mirar a su alrededor.

—Las moscas —aclaró la rana— se escaparon. Todas.

—¿Se te escaparon? —gritó furioso el sapo morado—. ¡Así nunca vas a poder saltar como las ranas verdes!

La rana volvió a mover sus ojitos como canicas. Miró las altas ramas del árbol.

—Te voy a dar otra oportunidad —dijo el sapo al terminar el regaño, y enojado volvió a meterse en su hoyo.

Un minuto después el sapo morado estaba de regreso con otra bolsa de papel. Entonces dijo:

—Querida amiga, esta vez no dejes que se te escapen. Abre la bolsa con cuidado y cómetelas una por una. Pero eso sí —advirtió muy serio—, si vuelves a dejarlas escapar, ite comerás un paquete de caramelos!

"iCaramelos!", pensó horrorizada la rana. "iGuajjj!"

—Al rato regreso —dijo el sapo, y se alejó rebotando.

"Esta vez debo ser más cuidadosa", pensó la rana. Le temblaba la mano con la que sostenía la bolsa de papel, nada más de pensar en ese horrible castigo... ¡Caramelos!, ¡guajjj!

Entonces la ranita se dijo: "Si entro al hoyo, las moscas no verán la luz, y no se escaparán al abrir la bolsa." Era una buena idea. Dando saltitos se metió ahí, desató a ciegas la bolsa y se dispuso a disfrutar aquellos bocadillos... pero como no veía nada, decidió acercarse a la entrada para que la luz le permitiera mirar el contenido de la bolsa.

Avanzó, pues, unos saltitos, y se dispuso a comer aquel alimento especial que le permitiría tener ancas gordas y fuertes para poder saltar de una a otra orilla del estanque donde las ranas verdes... ¡BSSSSS, bsssss!, ¡se escapaban otra vez las moscas al ver la luz del sol! ¡Bsssssss!, revoloteaban chocando contra la rana al buscar aquel círculo azul brillante del cielo.

La rana amarilla sintió un miedo terrible. Qué le diría al sapo. "Haría cualquier cosa con tal de no probar esos horribles caramelos", pensó a punto de llorar.

Más tarde la ranita escuchó un ruido conocido:
¡Tooin, tooin, tooin! Era el sapo morado que regresaba.

—Y bien, querida amiga rana —dijo al llegar junto
a ella—. ¿Qué me cuentas?

"Pues que se escaparon otra vez todas
las moscas", estuvo a punto de responder,
pero mejor se quedó callada.

—¿Viste qué sabrosas estaban?

—Sí, vi —respondió la rana.

—¿Y el sabor, qué tal? —insistió el sapo morado.

Entonces la rana preguntó, desafiante, a su vez:

—¿Tienes muy fuertes las ancas, sapo amigo?

—Claro que sí —contestó sorprendido el sapo—.
Soy el sapo que salta más lejos en esta comarca.

—Yo creo que no eres suficientemente fuerte.

—¿Qué dices, rana flaca? "Suficientemente fuerte",
¿como para qué?

—Creo que no podrás saltar conmigo en tu espalda hasta esa primera rama del árbol —dijo con voz presumida.

—¿La primera rama del árbol? —repitió el sapo—. Y tú, ¿por qué lo preguntas?

La rana amarilla volvió a sentir miedo, y declaró:

—Ningún sapo gordo será tan fuerte como para alcanzar esa rama llevándome en la espalda.

—¡Qué te pasa, rana presumida! —reclamó el sapo—. ¿Crees que ya puedes tratarme como tu igual? Además, no me has dicho si comiste o no aquellas moscas de la...

—¡Qué lástima! —comentó la rana—. Te creí un sapo fuerte.

—¡No digas eso, rana flacucha!, y ven acá, ahora verás...

Y en cosa de instantes, la rana trepó al lomo del sapo, y ¡TOOOOOIN!, el sapo morado dio el mayor salto de su vida, hasta alcanzar, ciertamente, aquella primera rama del árbol.

—¡Fiiiu! —resopló contento el sapo en la rama—. ¿Ya ves? Decías que no había un sapo suficientemente fuerte como para... ¿rana?, ¿querida rana? —el sapo morado la buscaba—. Querida amiga rana, ¿dónde te metiste?

La rana amarilla se deslizaba ya muy arriba en la fronda del árbol, donde vivían las ranas arbóreas como ella.

—¡Muchas gracias, sapo amigo! —gritó cuando estuvo entre las otras ranas amarillas, pero el sapo no la pudo escuchar porque iba saltando de regreso, inflado, morado, orgulloso y contento, pues, ¿cuándo había oído alguien que un sapo saltara hasta la rama de un árbol?

¡Tooin, toooin, toooin, toooin!

Piénsalo

1 ¿Por qué la rana amarilla no saltaba como el sapo y las ranas verdes?

2 ¿Qué trata de decir el autor con la expresión "saltaban como flechas"?

3 ¿De qué otra manera podría haber resuelto la rana amarilla su problema?

Taller de

Nota las diferencias

COMPARA Y CONTRASTA

Con la ayuda de tu profesor busca en una enciclopedia o en la biblioteca las características de las ranas arbóreas y de las ranas de estanque. Compáralas y escribe cuáles son las diferencias y cuáles las semejanzas.

Sigue la pista

HAZ UN CARTEL

Tal vez cerca de donde vives haya un estanque en donde encuentres ranas o un jardín con insectos. Visítalo en compañía de un adulto y registra cada una de las especies que encuentres. Después, con la ayuda de tu maestro clasifícalas en un cartel.

actividades

Empieza la función

USA LA MÍMICA

Con tus compañeros de clase, prepara una escena en la que no haya diálogos. En ella deben representar el momento en que las ranas verdes saltan de un lado del estanque al otro y se burlan de la rana amarilla porque ésta no puede saltar como ellas.

Sé un escritor

ESCRIBE UN PÁRRAFO

El cuento de la rana amarilla empieza cuando ésta ya se ha caído del árbol. ¿Cómo narrarías la escena en que la rana se cae? Escribe ese párrafo que el autor no incluyó. Al final léelo a algún compañero y que él te lea el suyo.

Hecho y opinión

En el cuento "La rana amarilla" leímos hechos y opiniones que expresan los personajes. Un **hecho** es un enunciado que refleja un suceso que puede ser probado.

Una **opinión,** en cambio, es un enunciado con el que una persona expresa lo que siente o lo que piensa. Puedes usar una tabla como la de abajo para que te sirva de ayuda para decidir si un enunciado expresa un hecho o una opinión.

¿Es un hecho?

- ¿Se puede probar?
- ¿Alguien puede mostrar que es verdadero o falso?

Ejemplos de la selección

- La rana amarilla se cayó del árbol.
- Se escaparon otra vez las moscas.

¿Es una opinión?

- ¿Habla sobre los sentimientos de las personas?
- ¿El escritor usa palabras que muestran sentimientos como bueno o malo?

Ejemplos de la selección

- Parecía que aquella lluvia no iba a terminar nunca.
- Creo que no eres suficientemente fuerte.

Algunas veces los escritores dan sus opiniones como si fueran hechos. Es importante poder notar la diferencia entre hecho y opinión para que puedas formar tus propias ideas sobre las cosas que lees.

Lee el siguiente artículo de periódico. ¿Qué frases expresan hechos y cuáles opiniones? ¿Cómo quiere el autor del artículo que te sientas con relación a la nueva librería?

EL LAGO

■ Abrió sus puertas una nueva librería

El martes a las 9:00 de la mañana, abrió sus puertas una nueva librería en la calle Main. La librería, que se llama La tierra del libro, constituye un lugar clave en el centro de la ciudad. Tiene miles de libros de diferentes temas. Los clientes disfrutarán de las cómodas sillas y de los lindos carteles que cuelgan de sus paredes. La librería está decorada maravillosamente y sus precios son buenos.

¿QUÉ HAS APRENDIDO?

1. María dice que Juan construyó un terrario. Elaine dice que el terrario de Juan es maravilloso. ¿Cuál es un hecho y cuál es una opinión? ¿Cómo lo sabes?

2. Lee un artículo corto en un periódico o en una revista. Haz una lista donde menciones algunos de los hechos y opiniones del artículo.

INTÉNTALO • INTÉNTALO

Piensa en una canción que hayas escuchado o en una película que hayas visto. Escribe tres hechos sobre ella. Luego escribe tu opinión.

Conclusión del tema

Intercambia historias

COMPARA TRADICIONES

Muchas historias se escriben para explicar cosas o entretener a la gente. Recuerda una historia que te hayan contado cuando eras más chico. Forma un equipo, cuenta tu historia a tus compañeros y explícales por qué te gusta. Luego comenten si la historia de cada uno explicó un suceso o entretuvo.

Dime por qué

HAZ UN ESQUEMA

En este tema leíste una leyenda, un cuento africano, una fábula y un cuento fantástico. Estas historias fueron creadas con distintos objetivos: enseñar, explicar, entretener o convencer. En una hoja haz un esquema que muestre el propósito de cada historia.

Historia	Propósito
Coyote acomoda las estrellas	
Por qué zumban los mosquitos	
La hormiga y la paloma	
La rana amarilla	

¿Qué opinas?

HAZ UNA ENCUESTA

Formen varios equipos. Por parejas contesten las siguientes preguntas:

- ¿Qué personaje te gustaría representar?

- ¿Cuál fue la lectura que más te gustó?

- ¿Te gustaría cambiar el final de alguna de las historias?

Expliquen cada una de ellas.

Hagan una gráfica con las respuestas.

¿Qué lectura te gustó más?

Coyote acomoda las estrellas	✓ ✓ ✓ ✓ ✓
Por qué zumban los mosquitos...	✓ ✓ ✓
La hormiga y la paloma	✓ ✓ ✓ ✓ ✓

TEMA
BUENOS

VECINOS

103

Los favoritos de

En mi familia
de Carmen Lomas Garza
Narrativa personal
Conoce una familia tradicional
mexicoamericana, sus costumbres,
comidas y fiestas.

El regalo de Fernando
de Douglas Keister
Ficción realista
Fernando vive en la selva
costarricense y está preocupado
por el daño que algunos hombres
le hacen a la selva al cortar árboles
sin control.

los lectores

El piñatero
de George Ancona
Ficción realista
Periódicos, bolsas de papel
y listones de colores son
algunos de los materiales
que don Ricardo utiliza para
fabricar las piñatas más
bonitas.

Por fin es carnaval
de Arthur Dorros
Ficción realista
Hoy la banda toca
canciones de los días en
que se unían en las
montañas porque...
¡esta noche es carnaval!
**COLECCIÓN DE LECTURAS
FAVORITAS**

Vejigante
de Lulu Delacre
Poema narrativo
En Puerto Rico se celebra
el carnaval en febrero.
Conoce las fiestas de Playa
de Ponce.

La abuela

Texto de Dolores Blanco Arrestía

Ilustraciones de Ramón Villegas

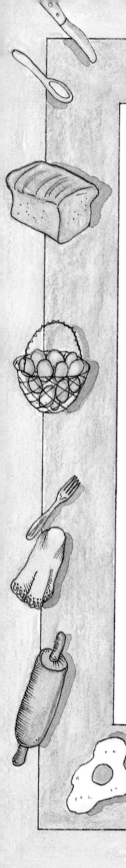

Una mañana, al despertar, Laura, una niña muy inquieta, pensó:

—¡Qué bueno que hoy es sábado! Así ni Mónica ni yo tendremos que ir a la escuela, y nos quedaremos en casa, sobre todo, porque podremos disfrutar el sabrosísimo desayuno que prepara la abuela Canda. Ya me imagino el pan recién horneado y el delicioso chocolate que sólo la abuela sabe preparar.

Laura se bañó, se vistió y se peinó haciéndose un hermoso flequillo. Después, corrió a la cocina donde todo olía a chocolate y a pan. Pero al entrar, no encontró a su abuela Canda.

—¿Dónde habrá ido? —pensó Laura—. Seguramente fue a despertar a mi hermana, ¿o se habrá entretenido en el rinconcito del jardín a regar y cuidar las margaritas?

De pronto, Laura oyó el abrir y cerrar de cajones que provenía del cuarto de la abuela y la descubrió allí, hablando bajito, solita, metiendo en una vieja maleta su ropa y sus cosas: faldas, suéteres, blusas, bolsas, batas, zapatos y aquel cofre pequeñito donde guarda sus papeles más importantes, sus recuerdos de niña y sus sueños de viejita, como dice siempre que habla de su cofrecito.

Al verla, Laura le preguntó:

—Abuela Canda, ¿qué estás haciendo con esa maleta?, ¿a dónde vas tan de mañana?, ¿o es que estás inventando otro juego?

—Buenos días, Laura —contestó la abuela—, estoy preparando mis cosas porque me iré de vacaciones.

—¿De vacaciones? —replicó Laura—. ¿A dónde, abuela Canda?, ¿qué se te está ocurriendo ahora?

—Se me está ocurriendo ir a visitar a nuestra familia, la que vive en la ciudad —contestó la abuela.

Mientras la abuela hablaba, seguía metiendo cosas y cositas en su maleta, aprovechando cada espacio vacío, guardando hasta su frasco de agua de rosas y las yerbitas secas y bien envueltas que utiliza para sus cocimientos.

Mi abuela Canda es la mamá de mi papá. Mi mamá dice que ella es la persona más importante de la casa y que sabe mucho porque tiene casi cien años, de los cuales, once los vivió observando la naturaleza; diez, se los pasó regalando ternura entre sus semejantes, y los que quedan, hasta llegar a cien, aprendiendo, trabajando, enseñando y riendo como siempre.

Cada vez que la abuela oye hablar de eso, se tapa la boca con su pañuelo y se ríe bajito, como a escondidas.

La abuela Canda es delgada como la espiga del maíz. Mi papá cuenta que no sólo es bonita por fuera, sino por dentro, porque siempre supo convencer a sus hijos, con voz bajita, de que estudiaran. También cuando se enojaba sabía poner la voz gruesa y gorda para hacerlos bajar de las cercas cuando estaban trepados en ellas.

En casa todos la queremos. Muchas veces, cuando Mónica y yo regresamos de la escuela, la encontramos sentadita en la sala entonando canciones que ella misma inventa.

113

Pero ahora siento miedo sólo de pensar que la abuela se irá, aunque sea durante una temporada. ¿Y las flores, y la tortuga Ita?, ¿quién las cuidará? Mamá y papá no tienen tiempo. Y Mónica y yo, ¿qué haremos? Nadie hace las frituras como ella. ¿Y quién seguirá enseñándome a tejer?

Después de pensar todo esto, Laura, casi llorando, le dijo:

—No, abuela Canda, no puedes irte, no has pensado en Chispa. A esa gata no la entiende nadie más que tú. Sólo obedece cuando tú la llamas.

—Chispa es muy soñadora y romántica —contestó la abuela—. Me la llevaré para tener con quien entretenerme durante el camino. Bueno, niña, ya basta, dejemos de hablar y vamos a desayunar que aún tengo cosas que preparar —continuó diciendo la abuela.

—Abuela Canda —apareció Mónica todavía medio dormida—, yo no quiero chocolate. Y si es cierto lo que dice mi hermana, ya no eres más mi abuelita.

—¿Qué dices, niña? —preguntó la abuela—. Laura no ha comprendido. Sólo voy a irme un mes de vacaciones a visitar a la otra parte de la familia. Les prometo que estaré pronto de regreso.

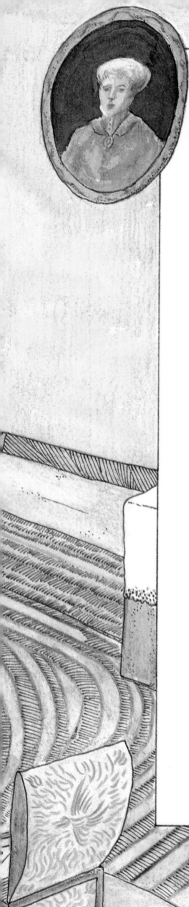

—¿Un mes? —interrumpió Laura—, pero, abuela, ¿quién va a coserle la boca a Minene, el payaso de Mónica, cuando el perro lo vuelva a romper?

—Yo sola no puedo hacerlo todo —contestó la abuela—, tú puedes atender a los animales y enseñarle a tu hermana a cuidar a su payaso. Escucha bien, Laura —le dijo la abuela con voz gorda como para regañar—, también quiero jugar con mis otros nietos, convivir con ellos como con ustedes, hacerles tortillitas y contarles los cuentos con los que ustedes tanto se divierten. Ahora terminen de desayunar, que se me hace tarde.

Y, sin más ni más, la abuela Canda se fue a su cuarto y siguió metiendo cosas en su maleta, hasta el álbum con las fotos de la familia. Mónica y Laura se quedaron muy juntitas, en un rincón del cuarto, mirándola y con ganas de llorar.

Cuando las vio, la abuela les dijo:

—Vengan, mis niñas, les voy a enseñar el álbum de la familia. Miren a su tío Fito, él es hermano de su papá. Y aquí a tía Petra, también hermana de su papá. Vean a sus primos, hijos de Fito y de su tía Eugenia. Yo sé que ustedes quieren mucho a sus primos, tanto a los hijos de su tía Petra como a los de su tía Eugenia, pero es necesario que se visiten con más frecuencia.

Y miren quién está aquí —dijo la abuela, pasando la página—: su abuela Micaela, la mamá de su mamá y además mi comadre. A ella, ustedes la pueden ver todos los días, porque vive al final del pueblo con sus tíos y sus primos. Y vean éstas —siguió diciendo la abuela—, son las fotos de sus abuelos, Micaela y Pedro. También vean ésta, es la de mi esposo, su abuelo Yiro.

La voz de la abuela se volvió suavecita como un hilito de lana y dijo:

—Yiro y Pedro se fueron hace años y no volverán, pero Mica y yo no los olvidamos porque siempre fueron buenos esposos y excelentes padres. Pero, ¿qué pasa? —replicó la abuela—, no es motivo para que se pongan tristes; la gente que fue como sus abuelos permanece viva, está en cada canción, en una flor y, lo más importante, en nuestro corazón, y así hay que recordarlos.

Y con pasos cortitos, la abuela salió del cuarto rumbo al patio, cantando, con una voz finita, una canción de amor que nosotros nunca habíamos oído. Y se fue.

Piénsalo

1 ¿Qué crees que sintió Laura cuando supo que su abuelita se iría de viaje?

2 ¿Por qué la abuelita quiere visitar a sus nietos que viven en la ciudad?

3 ¿Qué hace la abuela para que sus nietas comprendan que todo estará bien en su ausencia?

Taller de actividades

Rastreando el pasado

HAZ UNA ENTREVISTA

Elabora un cuestionario y entrevista a tus papás sobre su infancia; puedes preguntarles cómo era el vecindario donde vivían, sus lugares de diversión, sus amigos, los juegos que jugaban, y todo lo que se te ocurra. Luego compara las respuestas con las de tus compañeros.

Compara

ESCRIBE UN PÁRRAFO

Con los datos que obtuviste en la entrevista, te diste cuenta de que la infancia de tus papás no fue igual a la tuya. Escribe un párrafo en el que señales las diferencias y las semejanzas.

¡Atención! ¡Atención!

ESCRIBE UN ANUNCIO

La heladería favorita de Laura está vendiendo todo a mitad de precio; ella quiere elaborar un anuncio para que la gente se entere. Ayúdale a inventar uno como los de la televisión para anunciar esa oferta.

Un árbol frondoso

HAZ UN ESQUEMA

Haz una lista de todos los integrantes de tu familia. Luego, haz un esquema de tu familia empezando por los más antiguos. Dibuja una figura geométrica diferente para cada uno de ellos, y únelos con flechas de diferentes colores.

121

Sentimientos y acciones del personaje

En "La abuela", al principio Laura está contenta. Luego está preocupada y tiene miedo. Tú puedes saber cómo se siente un personaje al leer lo que dice y lo que hace. También puedes encontrar pistas en lo que el autor y otras personas dicen del personaje. ¿Qué cosas dice y hace Laura que te ayudan a saber cómo se siente? ¿Qué dicen el autor y los otros personajes de "La abuela"?

El siguiente cuadro te ayudará a identificar los **sentimientos** y las **acciones** de los personajes.

Sentimientos de Laura	Acciones
Contenta	- Es sábado y puede disfrutar del desayuno que prepara su abuela.
Triste	- Su abuela decide ir a pasar una temporada con los otros nietos.

Conocer los sentimientos y las acciones de los personajes te ayudará a entender qué tipo de personas son.

Lee el siguiente párrafo. Busca pistas que te ayuden a saber cómo se siente Tony sobre el viaje de su padre:

El padre de Tony llevaba un mes fuera de casa. Había salido en viaje de negocios. Tony miraba el cielo a través de su ventana recordando el día que se había ido. "Cambia esa cara", le había dicho su padre. "Verás que un mes pasa volando". Pero a Tony le había parecido un siglo. Cerró la ventana y se acostó con una sonrisa en el rostro. "Mañana estará aquí mi papá para darme los buenos días". Y se quedó dormido.

¿QUÉ HAS APRENDIDO?

1 ¿Cómo puedes decir cuáles son los sentimientos de un personaje? ¿Para qué te sirve entender esos sentimientos?

2 Imagina que vas a conocer a Laura. ¿Cómo crees que es ella? Haz una lista de palabras que la describan.

INTÉNTALO • INTÉNTALO

Recuerda un libro o una película. Haz un esquema con algunos de los sentimientos y acciones de sus personajes.

Cómo se siente el personaje

Cómo actúa el personaje

Cómo es el personaje

Los tres pequeños jabalíes

Texto de Susan Lowell
Ilustraciones de Jim Harris

Había una vez tres pequeños jabalíes que vivían en medio del desierto. Los jabalíes son primos de los cochinos que viven en el sudoeste y son salvajes y peludos. Sus cabezas eran peludas, sus espaldas eran peludas y hasta sus huesudas piernas —menos sus pequeñas y duras pezuñas— eran peludas; pero sus hocicos eran suaves y rosados. Un día, los tres pequeños jabalíes salieron a trote a probar su fortuna. En esta tierra caliente y seca, el cielo casi siempre estaba azul. Las empinadas montañas color púrpura se asomaban al desierto, donde se apiñaban los cactus.

Los jabalíes llegaron pronto a un punto donde se dividía el sendero y cada uno tomó un camino diferente.

124

El primer jabalí vagaba perezosamente por el camino y
no se percató de que un remolino de polvo venía girando
a través del desierto, hasta que lo atrapó. El remolino se
alejó soplando y dejó al jabalí sobre un montón de
rodadoras. Sacudiéndose, dijo:

—¡Voy a construirme una casa con ellas! —y sin tardar ni
un minuto, lo hizo.

Entonces se acercó un coyote. Corría tan rápida y
silenciosamente por el desierto que era casi invisible.
De hecho, éste era sólo uno de los muchos trucos mágicos
de Coyote. Se rió al ver la casa de ramas secas y olió al
jabalí que estaba adentro.

"¡Mmm! ¡Un cochinito tierno y jugoso!", pensó. Coyote
estaba cansado de comer ratones y conejos.

Llamó con amabilidad al jabalí:

—¡Cerdito, cerdito, déjame entrar!

—¡No, por el pelo de la barba de mi barbilla! —gritó el primer jabalí, que tenía mucho pelo en la barba de su barbilla.

—¡Entonces soplaré y soplaré y tu casa tumbaré! —dijo Coyote.

Y sopló y sopló y tumbó la casa de rodadoras.

Pero entre todo el alboroto, el primer jabalí escapó y fue en busca de sus hermanos. Coyote, sigiloso, lo siguió de puntillas.

El segundo jabalí caminó kilómetros y kilómetros entre cactus gigantes llamados *saguaros*, de frutos rojos y maduros que apuntan al cielo. Pero los cactus casi no hacían sombra y el pequeño jabalí sintió mucho calor.

Entonces se acercó a una amerindia que recolectaba varas del interior de un cactus seco. Planeaba usar las varas, llamadas costillas de saguaro, para alcanzar los dulces frutos de los cactus.

El segundo pequeño jabalí dijo:

—Por favor, ¿me puede dar algunas varas para construir una casa?

Le respondió "*Ha'u*" (jao), que significa "sí" en la lengua de la gente del desierto.

Cuando acabó de construir su casa, se acostó en la sombra. Entonces llegó su hermano, jadeando a causa del calor, y el segundo pequeño jabalí se movió para hacerle un lugar.

Muy pronto, Coyote encontró la casa hecha con costillas de saguaro. Con su magia hizo que su voz se escuchara como la del otro jabalí:

—¡Cerdito, cerdito, déjame entrar! —gritó.

Pero los pequeños jabalíes dudaron. El segundo gritó:

—¡No, por el pelo de la barba de mi barbilla!

—¡Bah! —dijo Coyote—. No me voy a comer tu pelo.

Luego Coyote sonrió, mostrando sus afilados dientes:

—¡Entonces soplaré y soplaré y tu casa tumbaré!

Y sopló y sopló y la casita de varas de saguaro se derrumbó.

Pero los dos pequeños jabalíes escaparon hacia el desierto.

Todavía con ánimos, Coyote los siguió. Casi siempre fallaba su magia, pero entonces se le ocurría algún otro truco.

El tercer jabalí, que era en realidad una jabalí, trotó entre hermosos árboles de palo verde, que tenían troncos verdes y flores amarillas. Allí vio una serpiente que se deslizaba suave como el aceite. Un halcón planeaba en círculos sobre ella. Después llegó a un lugar donde un hombre estaba haciendo ladrillos de adobe con lodo y con paja. Los ladrillos estaban en el suelo, cociéndose con el calor del sol.

La jabalí se quedó pensando por un momento y después dijo:

—¿Me podría dar algunos ladrillos de adobe para construir una casa?

—Sí —contestó el hombre que hacía los ladrillos.

Así, la jabalí se construyó una resistente casa de adobe, fresca en el verano y cálida en el invierno. Cuando sus hermanos la hallaron, les dio la bienvenida, los dejó entrar y cerró con llave la puerta. Pero Coyote siguió su rastro.

—¡Cerditos, cerditos, déjenme entrar! —dijo en la puerta.

Los tres pequeños jabalíes miraron por la ventana. En esta ocasión Coyote fingió ser viejo, débil, sin dientes y con una pata lastimada. Pero no los engañó.

—¡No, por el pelo de la barba de mi barbilla! —respondió la jabalí.

—¡Entonces soplaré y soplaré y tu casa tumbaré! —dijo Coyote, que sonrió con malicia al pensar que esa noche cenaría cochinitos salvajes.

—¡Inténtalo! —gritó la jabalí. Entonces Coyote sopló y sopló, pero los ladrillos de adobe no se movieron.

Coyote lo intentó de nuevo

—¡SOPLARÉ... Y SOPLARÉ... Y TU CASA TUMBARÉ!

Los tres pequeños jabalíes se cubrieron sus orejas peludas. Pero nada sucedió. Los jabalíes miraron a escondidas por la ventana. La punta de la cola

erizada de Coyote se agitó frente
a sus narices. Estaba subiendo
al techo de lámina. Después, Coyote
utilizó su magia para hacerse muy
delgado.

—¡El tubo de la chimenea!
—exclamó con angustia la jabalí.

Rápidamente prendió fuego en la
estufa de leña. "¡Qué banquete voy a
darme!", se decía Coyote. Entró
apretujadamente por la chimenea.
"¡Creo que me los comeré con salsa
picante! ¡Fiush, guash!"

Después, los tres pequeños jabalíes
escucharon un ruido que los
sorprendió. No era un ladrido. No era
un cacareo. No era un aullido. No
era un grito. Eran todos esos sonidos
juntos.

—¡Oh, oh, uh,

guauy, ah,

AY, AAAAAY!

Se alejó corriendo una nube de humo en forma de coyote.

Los tres pequeños jabalíes vivieron felices para siempre en su casa de adobe. Y si alguna vez escuchas por la noche el aullido de un coyote en el desierto, pues ya sabes de qué se está acordando.

Piénsalo

1. ¿Por qué los jabalíes dependen uno de otro y también de su comunidad?

2. Compara esta historia con "Los tres cerditos" o cualquiera que te guste. ¿En qué se parecen? ¿En qué son diferentes?

3. ¿Cuál es tu personaje favorito de este cuento? ¿Por qué?

Postales...
de la autora

Queridos lectores:

    Reciban saludos desde mi hogar en el Desierto de Sonora en Arizona. Aunque también hay zonas desérticas en algunas regiones de California, Texas y Nuevo México. Desde mi ventana puedo ver jabalíes, coyotes, rodadoras y cactus.

    En esta región de Estados Unidos, el estilo de vida recoge gran parte de la cultura española y de los amerindios. Las casas de los pequeños jabalíes son semejantes a las que se han construido en esta región durante cientos de años. ¿Por qué no escriben un cuento acerca del lugar donde viven? ¡Sería divertido!

Susan Lowell

Susan Lowell

y del ilustrador

¡Hola, niños!

Éste es mi hogar. Vivo en Colorado, al norte de la Gran Meseta, ¡la montaña plana más grande del mundo! Esta meseta tiene casi 11,000 pies de alto. Desde mi ventana puedo ver un hermoso valle.

Mi casa se encuentra al final de un camino de tierra. Las estrellas parecen más brillantes porque no hay otras luces que las opaquen.

Los alces y venados pasan con frecuencia por mi patio. Algunas veces hasta escuchamos a los coyotes aullar por las noches. ¡Por cierto, no hay un solo jabalí! Ellos sólo habitan en el sureste.

Disfruten su lectura.

Jim Harris

Jim Harris

Visita nuestra página en Internet
www.hbschool.com

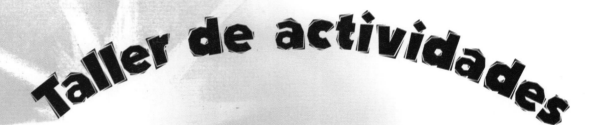

Taller de actividades

Las noticias de la noche

ENTREVISTA PERSONAJES

Imagínate que trabajas como reportero de noticias en la televisión y deseas hacer un reportaje sobre lo que le pasó a los jabalíes y al coyote. Piensa en las preguntas que podrías hacer a los personajes. Pide a algunos de tus compañeros que representen los personajes y entrevístalos.

Se vende adobe

ESCRIBE UN ANUNCIO

Los tres jabalíes van a mudarse de casa y desean vender su antigua propiedad. Ayúdales a escribir un anuncio que llame la atención de los posibles compradores. Pero antes de hacerlo, lee algunos anuncios en la sección de clasificados de los periódicos y úsalos como modelos.

Se solicitan rodadoras

DIBUJA UN DIAGRAMA

Las plantas rodadoras liberan semillas
que se convierten en nuevas plantas.
A algunas personas del sudoeste no les
gusta este tipo de plantas porque piensan
que ya hay demasiadas de ellas. Piensa en
una manera de aprovecharlas sin
obstaculizar el paso de las personas.
Haz un diagrama que muestre tu idea.

Cerdos en Pittsburgh

ESCRIBE UN CUENTO

El autor de este cuento se basó en una historia
popular y la modificó para crear una nueva
versión y un nuevo escenario. Escribe un
cuento sobre tres cerditos.
Puedes representar las acciones
en tu comunidad o en cualquier
otra parte del mundo. Dibuja
ilustraciones para tu cuento.

HELADO DE CHOCOLATE

Texto de
DIANA APPELBAUM
Ilustraciones de
HOLLY MEADE

Premio al
mejor autor e
ilustrador

CACAO

El chocolate proviene de una isla lejana, donde las aves tienen plumas rosadas, las hojas son más grandes que yo y parece que siempre fuera verano. Los niños que viven en esa isla no tienen que usar botas o limpiar la ceniza de la estufa porque el invierno nunca llega. Lo mejor de todo es que en esta isla del eterno verano el chocolate crece en las ramas de los árboles.

La isla donde el chocolate se da en los árboles se llama Santo Domingo, y yo sé todo sobre ella porque el tío Jacobo viaja allá con frecuencia en su barco mercante. Una vez trajo a casa un caracol para la repisa de la chimenea. Por dentro es rosado y de lo más terso. Si lo acercas a tu oreja, murmura: "Verano... verano... verano."

El mejor momento para trepar a un árbol es muy temprano por la mañana porque el sol aún no ha tenido tiempo de calentar la tierra hasta dejarla vaporosa como un plátano asado. Si esperas hasta la tarde, la lluvia deja los árboles demasiado resbalosos para trepar. Pero si te levantas cuando los pájaros apenas buscan su desayuno y te sientas a verlos sin moverte, algunos se acercan tanto que puedes escuchar sus plumas batiendo el aire a tu alrededor. Pero la mejor razón para trepar a la copa de un árbol muy temprano por la mañana es que si un barco llega a la bahía, serás el primero en verlo.

Cerca de casa tenemos árboles de todo tipo: cocoteros, papayos, mangos, naranjos, plátanos, árboles de pan, guayabos y unos muy especiales llamados árboles de cacao, ésos en los que crece el chocolate. Los árboles de cacao sólo crecen en la sombra; por eso papá los siembra junto a los plátanos, que son más altos y les dan sombra mientras crecen.

Las florecillas rosadas del cacao brotan justo en el tronco y las pequeñas vainas verdes crecen junto a las flores. Los frutos maduros, amarillos y rojos son los que se cosechan. Los árboles de cacao siempre están floreciendo y con frutos maduros, listos para ser cosechados.

147

148

Papá corta los frutos maduros con su machete y saca de ellos una pulpa blanca con semillas de color claro. Nosotros extendemos la dulce y pegajosa pulpa junto con las semillas en un lienzo hecho con hojas de plátano. Luego cubrimos todo con más hojas de plátano.

Me gusta comer la pulpa mientras trabajamos, ¡pero sin comerme las semillas! Un día mordí una semilla fresca, pero estaba tan amarga que me escaldó la lengua. Papá se rió y me dijo: "No seas tan impaciente, pequeña. Espera a que el sol las madure". Ahora lo entiendo.

Luego de pasar algunos días envueltas en las hojas de plátano, las pálidas y amargas semillas de cacao empiezan a cambiar de color. Entonces las separamos de la pulpa vieja y las ponemos a secar al sol, dándoles la vuelta hasta que toman un hermoso color dorado.

Hoy hemos puesto a secar las semillas. Como no hay que trabajar en los plantíos, papá me dice que iremos a recoger caracoles. Mamá envuelve pan de yuca en hojas de plátano y lo guarda en una canasta junto con algunas guayabas para el almuerzo. Remar en el río San Juan nos acalora, pero aún tenemos un largo camino por recorrer, ya que después de desembocar en el mar, tenemos que bordear la costa hasta llegar a una pequeña bahía, a salvo de las fuertes olas. Me siento cansada y sedienta cuando por fin atracamos la canoa en la playa. Entonces papá abre algunos cocos y bebemos su dulce leche. Ha llegado el momento de buscar caracoles.

Sumerjo mi canasto en el agua y camino con dificultad hasta que las hojas viscosas de las algas rozan mis piernas. Los caracoles están ocultos entre las algas. Ahora nado con suavidad para abrirme paso. Los caracoles se confunden con las rocas lamosas cuando no se mueven, pero si alguno se mueve lo atraparé.

Algo se mueve bajo las algas y me sumerjo para atraparlo, luego salgo a la superficie con un caracol y busco a papá para enseñarle lo que capturé. Pero al tratar de poner mi presa en el canasto, ¡una tenaza roja me atrapa! Doy un chillido y dejo caer el caracol. Es sólo un cangrejo ermitaño. Pero yo quiero caracoles, no cangrejos.

Mamá me da permiso de quedarme con los caracoles después de hervirlos y sacarles la carne para preparar una rica sopa. Los extiendo al sol, en el lugar donde ponemos a secar las semillas de cacao. Después de unos días, puedo quitarles el musgo que los hacía verse opacos y verdosos, y ahora los veo relucir a la luz del sol. Por dentro son rosados como las flores de cacao, pero suaves y brillantes, aun después de secarse.

Nuestras semillas todavía no se han convertido en chocolate; aún son semillas de cacao y tenemos que darles vuelta todos los días hasta que estén completamente secas. Cuando mamá las tuesta, empiezan a oler a chocolate. Ella me deja molerlas con el mortero. La mejor parte de machacar las semillas de cacao es el olor a chocolate que sube en espirales hasta tu nariz.

El siguiente paso es poner las semillas machacadas en una olla. Mientras mamá hierve el agua, la vierte sobre las semillas y le agrega azúcar, yo saco las tazas. Para mí, el chocolate caliente es la bebida más maravillosa del mundo. A menos que llegue al puerto un barco cargado de hielo.

Cada vez que llega un barco, papá va en su canoa a ver el cargamento. Le costó mucho trabajo construirla ahuecando un tronco; por eso tiene mucho cuidado de no acercarla a las rocas.

Acomodamos los bultos de semillas secas en la canoa, junto con una pila de cocos y plátanos. Trepo entre dos enormes pencas de plátanos, guardo entre mis pies mi mejor caracol y nos ponemos en marcha.

Papá me ayuda a subir al barco con una soga mientras uno de los marinos se inclina por la barandilla para sujetarme. Otras familias han venido y papá debe esperar su turno para negociar con el capitán. Tomo mi caracol y busco entre la multitud a Jacobo, el marinero que un día me enseñó unas fotos de su lejano país. Él me ve primero y me saluda con una gran sonrisa.

Le enseño mi hermoso caracol y le dejo ver lo suave y rosado que es por dentro. Él me muestra una foto de una niña más o menos de mi edad, que lleva una cinta en el pelo. Luego saca de su bolsillo una pequeña bolsa remendada. Jacobo acerca la bolsa a su cara, la huele y sonríe. Yo también la huelo. No huele a chocolate o a jazmín, ni a papaya, ni a nada que yo conozca. Tiene un aroma extraño y maravilloso. Y ahora es mía.

CACAO

Papá también hace negocios. Pienso que regatea por un rollo de tela, pero salto de gusto cuando veo el artículo por el que ha cambiado nuestro cacao: ¡HIELO!

Los marineros bajan un bloque de hielo a nuestra canoa y papá lo cubre con hojas de plátano. Luego me ayudan a bajar por la barandilla y, una vez en la canoa, uno de ellos me pasa un rollo de tela. Con mucho cuidado, lo pongo en un canasto seco. Sin soltar la pequeña bolsa que huele tan bien, digo adiós a Jacobo con la mano.

Cuando llegamos a casa, vemos a mamá sacando con una cuchara la dulce y blanca pulpa de un fruto maduro de cacao para batirla hasta que se ponga blanda. Luego raspa un poco de hielo, lo mezcla con la pulpa y lo sirve en tazas como postre.

El helado es blanco y dulce, y tan frío que me parece cosa de magia. Se desliza por mi garganta y me estremezco al pensar en los niños que viven en ese lugar tan frío.

HIELO

Los barcos que traen el hielo vienen de un lugar donde el agua de los ríos se pone tan dura con el frío que la gente puede caminar sobre ella –sí, sobre el agua–. Ese lugar se llama Maine, y yo sé muchas cosas sobre él porque Jacob me mostró unas fotos. En Maine la gente construye estufas con fuego para cocinar dentro de sus casas y los árboles no tienen hojas. Otra cosa que sé sobre Maine es que tiene un olor maravilloso. Aspiro el aroma de mi bolsa y trato de imaginarme aquel lugar donde los niños caminan sobre ríos de hielo.

El invierno es muy duro en Maine. Los días son cortos, la luz es muy brillante y a veces hace tanto frío que nada se mueve, ni el viento, ni los pájaros, ni siquiera el río.

Pero nuestra cocina es tibia. Mamá hornea pasteles de manzana en una estufa grande y yo practico la costura haciendo una bolsita aromática rellena de hojas de abeto. Papá y el tío Jacobo trabajan en una fábrica de hielo. Si logran llenar los enormes refrigeradores antes de la primavera, el tío Jacobo y otros marineros irán en sus barcos a vender el producto del invierno de Maine a países cálidos y lejanos. Por eso nos preocupamos cuando no hay nieve.

Papá, el tío Jacobo y yo estamos al borde del río. Vemos las huellas de nuestras botas y nos preocupamos al ver los copos de nieve que caen sobre el hielo.

—¿Crees que aguante? —pregunta papá, mirando la delgada capa de hielo.

Tío Jacobo no contesta. Ambos saben que si el aire sopla entre los copos, el río no se congelará, y si el río no se congela, no habrá hielo para vender. El hielo formado es demasiado reciente y delgado para rasparlo. Tendrán que cortarlo, pero no se sabe si soportará el peso de una persona.

El tío Jacobo camina sobre un tablón hasta el río. El hielo soporta su peso.

Varios hombres siguen al tío Jacobo. Avanzan perforando el hielo con barretas y mazos. El agua sube por los orificios, transformando la nieve recién caída en una mezcla pastosa. Si el clima se mantiene frío, el agua pronto se congelará y formará una capa suficientemente gruesa para aguantar el peso de un caballo.

Los caballos son importantes cuando el hielo se vuelve grueso y puede rasparse. Después de cada nevada, papá y el tío Jacobo sujetan los pesados raspadores a los caballos para remover la nieve del río. Al congelarse el agua, se forma una capa gruesa y clara. Desde Augusta hasta Merrymeeting Bay, los hombres y los caballos remueven la nieve para que el río se congele con mayor facilidad.

164

Cuando el cielo está claro y no hay nieve que raspar, papá le quita las ruedas a la carreta y le coloca los patines. Mamá nos abriga bien, nos coloca entre un montón de heno y nos cubre con una gruesa frazada. Viajar en una carreta sobre patines es como volar. Literalmente volamos río arriba. Hace tanto frío que a la mañana siguiente se ha formado en el río una capa de hielo de más de un pie de grueso.

Observo al jefe de la cuadrilla trazar una recta imaginaria en el río como si estuviera preparándose para una lección de aritmética a gran escala. Papá sigue esa línea con el cortador de hielo. La cuchilla de acero corta el sólido hielo con la misma facilidad que el cuchillo de mamá rebana sus pays, pero papá tiene cuidado de no llegar al agua. El hielo debe mantenerse sólido para caminar en él hasta que toda la superficie haya sido cortada en bloques. Los hombres siguen marcando surcos y cortando hasta que el río parece un enorme tablero de ajedrez que sólo tiene casillas blancas.

Hay cincuenta hombres en el río cortando y conduciendo los bloques de hielo en el agua hasta el montacargas que los colocará en el gran refrigerador. Aunque las puertas superiores están más altas que el techo de una iglesia, el jefe de la cuadrilla se propone llenarlo hasta el tope antes del deshielo.

Los observo trabajar hasta que me da tanto frío que decido entrar a la cocina. Mamá me prepara un chocolate caliente para entrar en calor.

Pero el hielo no sirve de nada a menos que pueda conservarse sin fundirse hasta el verano. Por eso el refrigerador tiene paredes dobles, separadas por un espacio lleno de aserrín que mantiene frío el interior. Las puertas de los refrigeradores también son dobles y están aisladas con aserrín. Además, el hielo se cubre con una capa de heno fresco. Cuando el tío Jacobo corta las pacas de heno, el suave olor de las praderas en verano inunda el lugar.

167

Los hombres llenan el gran almacén, apilando los bloques de hielo en hileras perfectas. Largas líneas de bloques de hielo abarcan todo el piso y se levantan en torres hasta que casi tocan el techo. Cuando el refrigerador está lleno, el encargado cierra las puertas y espera a que llegue el deshielo.

Aunque el invierno sea duro, termina con la llegada del verano. Mis pies descalzos sienten la suavidad de los nuevos pastizales y los barcos navegan por el río Kennebec. Los marineros llenan las bodegas con hielo y después lo cubren con aserrín y heno de las praderas.

Mamá dice que el hielo de nuestro río recorre un larguísimo camino en esos barcos que regresan cargados con sedas, casimires, jengibre y té. Para nosotros, el barco más importante de todos es el del tío Jacobo, que zarpará hoy con destino a Santo Domingo, para traer cacao.

Le doy a tío Jacobo la bolsita que rellené con hojas de abeto y sin dejar de llorar le digo adiós con la mano hasta que pierdo de vista el barco en el horizonte.

Mamá dice: "Creo que hoy es un buen día para preparar helado".

Abrir la puerta del refrigerador gigante en el verano es como entrar a un castillo donde el invierno se detuvo. Adentro está oscuro y frío y los trabajadores usan sombreros, guantes y medias de lana aunque afuera sea verano. Aunque están muy ocupados transportando el hielo hasta los barcos del muelle, nos ayudan a poner un trozo de aquel invierno en nuestra carreta.

169

Mamá vierte la crema y el azúcar en un cubo para preparar helado mientras yo agrego cuidadosamente el chocolate. Papá parte el hielo en pedazos pequeños, lo pone alrededor del bote y lo cubre con sal. Yo empiezo a girar la manivela. Primero la hago girar suavemente, mezclando el chocolate, la crema y el azúcar sin dificultad. Pero a medida que la crema empieza a congelarse, mi brazo se cansa y la manivela se pone más y más dura hasta que ya no puedo moverla. Entonces mamá empieza a girar la manivela hasta que el helado está tan duro que el cubo no gira ni un centímetro más. Entonces, mamá pone el cubo en hielo para mantenerlo congelado hasta la cena y yo lamo la pala para batir.

Sentada en la puerta de la cocina, mientras lamo el chocolate de la pala, cierro los ojos y me imagino la isla del eterno verano, donde los caracoles rosados se encuentran en las playas, y los niños recogen el chocolate de los árboles.

Piénsalo

1. ¿De qué les sirve el intercambio a los personajes del cuento?

2. ¿Por qué es importante el personaje del tío Jacobo?

3. ¿En cuál de las dos poblaciones preferirías vivir? ¿Por qué?

171

Conoce a la autora
Diana Appelbaum

Diana Appelbaum vive en Nueva Inglaterra. Ahí estudia historia y escribe artículos sobre el tema. Cuando era niña, a Diana le gustaba leer relatos de personas reales. Sobre todo aquellos que narraban cómo era la vida en el pasado para los habitantes de todo el mundo.

Diana Appelbaum es historiadora. Los historiadores investigan lo que ocurrió en el pasado. En sus libros, Diana comparte las interesantes cosas que ha aprendido. Ella piensa que el estudio de la historia es muy importante. "No entenderíamos el presente si no conociéramos el pasado", comenta Diana.

Visita *The Learning Site*
www.harcourtschool.com/reading/spanish

Conoce a la ilustradora
Holly Meade

Holly Meade es ilustradora de libros infantiles desde 1991. Antes trabajaba como diseñadora en una revista y en una compañía que fabricaba banderines. En 1997, la Asociación de Bibliotecas de Estados Unidos le entregó la medalla Caldecott por sus ilustraciones en *Hush! a Thai Lullaby* (¡No llores! Una canción de cuna tailandesa). Éste es un importante premio ofrecido a los mejores ilustradores de libros infantiles en Estados Unidos.

Holly Meade sólo utiliza acuarelas y pedazos de papel reciclado para hacer sus ilustraciones. Así como los escritores modifican sus textos, los ilustradores también realizan cambios en las imágenes. Holly Meade dice que casi siempre hace cientos de dibujos para elegir las ilustraciones de un solo libro.

"Me encantó ilustrar *Helado de chocolate*", dice Holly Meade. Y agrega que para ella fue un desafío combinar imágenes de un lugar cálido y uno muy frío en el mismo libro.

Holly Meade

TALLER DE ACTIVIDADES

Tan cerca y tan lejos

REDACTA UN PÁRRAFO

Santo Domingo es la capital de la República Dominicana. Maine se localiza en Estados Unidos. El comercio, es decir, la compra y venta de artículos, une a los habitantes de estos dos lugares. Redacta un párrafo en el que expliques cómo se ayudan las dos comunidades de esta historia a pesar de encontrarse tan lejos.

Saludos desde muy lejos

DISEÑA POSTALES

Elabora dos postales, una de Santo Domingo y una de Maine. En un lado de cada postal, haz un dibujo del lugar al que corresponde. En el lado opuesto, escribe un mensaje. Puedes enviar tus postales a un amigo.

Tesoros del hogar

HAZ UNA DESCRIPCIÓN

La muchacha de Santo Domingo envió un caracol rosado a su amiga de Maine. A cambio recibió una almohadilla balsámica, rellena con ramas de abeto. Piensa en algo representativo de tu comunidad que pudieras mostrar a un amigo que vive en un lugar lejano. Escribe algunos enunciados que describan su apariencia y textura.

Paso por paso

HAZ UNA GUÍA

CÓMO HACER

Esta historia explica cómo se transforma el cacao en chocolate. Piensa en algún alimento que se elabore en tu hogar o comunidad. Investiga cómo se hace. Pide ayuda a tus familiares. Después haz una lista con los pasos. Si lo deseas, ilustra cada paso con un dibujo.

175

Resumir

El cuento "Helado de chocolate" contiene mucha información. ¿Cómo lo contarías en una o dos oraciones? Para empezar, necesitas determinar cuáles son las partes más importantes de la historia.

Cuando explicas en tus propias palabras las partes más importantes de un cuento estás **resumiendo** la historia. Lee el siguiente diagrama para aprender más sobre los resúmenes.

¿Qué es un buen resumen?

Un buen resumen debe:	Un buen resumen no debe:
• Expresar las ideas y acciones más importantes.	• Incluir detalles sin importancia.
• Seguir el mismo orden que el cuento.	• Mencionar datos no incluidos en el cuento.
• Ser más breve que la historia original.	

Lee las siguientes oraciones acerca de "Helado de chocolate". ¿Cuál de las dos muestra un resumen más preciso?

"En la actualidad, ya no tenemos que comprar hielo en barras porque contamos con refrigeradores."

Una familia cultiva cacao, la otra hace hielo y se intercambian los productos.

¿QUÉ HAS APRENDIDO?

1 ¿Qué elementos debe incluir un buen resumen?

2 Imagina que uno de tus compañeros faltó a una lección de ciencias o matemáticas. Haz un resumen de la lección para ayudarlo.

INTÉNTALO • INTÉNTALO

Busca más información sobre Maine o Santo Domingo. ¿Cuál es la información más importante que lees? Usa esa información para hacer un resumen sobre el tema.

 Visita _The Learning Site_
www.harcourtschool.com/reading/spanish

Don Gil y el
paraguas mágico

Texto de Mercè Company ● Ilustraciones de Rosario Valderrama

Don Gil, el trovador, era un muchacho alegre y vivaz que andaba por el mundo con su laúd cantando toda clase de cuentos, canciones e historias.

Como en aquel tiempo no había periódico, ni radios, ni televisores, los trovadores eran algo así como los periodistas de ahora y, gracias a ellos, la gente de los pueblos sabía qué pasaba en la comarca sin moverse de su casa.

Un buen día, caminando como siempre, Don Gil se encontró con un hombre que le pidió caridad.

—Yo no puedo darte dinero ni comida —le dijo Don Gil—, porque soy tan pobre como tú. Pero te regalaré una cosa.

Tomó el laúd, tensó las cuerdas, probó el sonido antes de hacer bailar los dedos, y cuando todo estuvo a punto le dijo:

—Mis canciones y mis historias son el mejor regalo que puedo hacerte. Ésta que te cantaré es el cuento del príncipe Arnaud, quien estaba enamorado de una princesa, hija de un rey moro y para encontrarla se fue hasta el otro lado del mar.

Escucha con atención.

El hombre aplaudió contento porque le cantaban una canción a él solo, y puso toda su atención para no perderse ni una palabra.

> ...y el príncipe muy valiente,
> miró una flor encantada.
> Era, al fin, su bien amada,
> que fue libre finalmente.
> Entonces ya se casaron
> y nunca se separaron...

El mendigo, sorprendido por el ingenio y la gracia con que Don Gil cantaba sus historias, lo felicitó.

—Tu cuento me ha tenido con el corazón temblando hasta saber que el príncipe Arnaud encontró a su princesa —le dijo—. Me has hecho pasar un buen rato, muchacho, hacía mucho tiempo que no me divertía tanto. Mira, yo también quiero hacerte un obsequio como agradecimiento.

Y le dio un aparato estrambótico hecho de alambre y tela.

Don Gil lo miró extrañado.

—¿Qué cosa es esto? —preguntó.

—Yo lo llamo paraguas —contestó el anciano—, y has de saber que es un aparato increíble. Cuando lo abres llueve, aunque no haya ni una nube en el cielo. Pero también puedes protegerte de la lluvia poniéndotelo así.

El hombre abrió el paraguas y... ciertamente, como si el cielo se hubiera abierto sobre sus cabezas, cayó un chaparrón que los empapó hasta los pies.

Don Gil agradeció al hombre su regalo y siguió su camino.

Caminando, caminando, llegó a un pueblo donde todo estaba amarillo y seco. Los campos, la tierra, todo tenía sed. El sol derramaba su calor y apuraba hasta la última gota de agua.

Don Gil se sorprendió, ya que nunca había visto una sequía tan grande por aquella comarca. De modo que, al encontrarse con un campesino, le preguntó:

—¿Qué pasa aquí que no tienen agua?

El labrador lo miró con ojos de hombre triste y cansado y, mostrando la regadera que llevaba en las manos, le dijo:

—Es tanta la falta de agua que tenemos... ¡Fíjese usted cómo tengo que regar la única tomatera que me queda! Ya estamos desesperados en el pueblo. Para qué le digo más...

Don Gil, preocupado, siguió su camino, y a todas las personas les preguntó qué ocurría con la lluvia. Pero todas permanecían calladas y, temerosas, se escondían. Más tarde, oyó una voz que parecía venir de las entrañas de la tierra. Era la de un campesino que cavaba un pozo con sus compañeros.

Don Gil se acercó para escuchar mejor.

—Si el gigante no permite que nos caiga agua del cielo, hemos de buscarla aquí dentro de la tierra —afirmaba un hombre con el aire de quien dice algo que ya todos saben.

El trovador, pasando por alto el miedo que manifestaron
aquéllos con quienes había intentado hablar, asomó la cabeza
y preguntó:

—¿Qué gigante es ése que les quita el agua del cielo?

El campesino, más abatido por la sequía que asustado,
le explicó que en lo más alto del pueblo vivía un gigante
tan malo, tan malo, que cada vez que se aproximaba una nube con
agua le daba un empujón para alejarla del pueblo.

Esto lo venía haciendo desde hacía mucho tiempo, tanto que
ya habían perdido la cuenta. Por eso el pueblo y los campos se
morían de sed.

Don Gil, indignado, no quiso oír más. Se levantó de un salto
y con paso firme se dirigió hacia el castillo donde vivía el gigante.
Quería decirle lo que pensaba y preguntarle por qué hacía pasar
sed a la buena gente del pueblo. Le demostraría que él, Don Gil, no
tenía miedo de hablar.

Con este propósito, el camino hacia el castillo le pareció
más corto.

Al llegar, hizo una gran pila de piedras y ramas para
poder alcanzar el picaporte. ¡Pero pesaba tanto que, incluso
tomándolo con las dos manos, casi no podía moverlo! De modo
que decidió gritar:

—¡Gigante! ¡Eh! ¡Gigante! ¡Ven a abrirme si te atreves!

El gigante era... ¡Uf, qué grande era...! No se acababa nunca...
Era tan largo como un día sin pan y tan gordo como dos ballenas
juntas.

Pero así y todo, Don Gil no se espantó ni un poquito,
y encarándose con él le dijo:

—Gigante, eres un bribón. ¿Por qué haces que la gente
del pueblo se muera de sed?

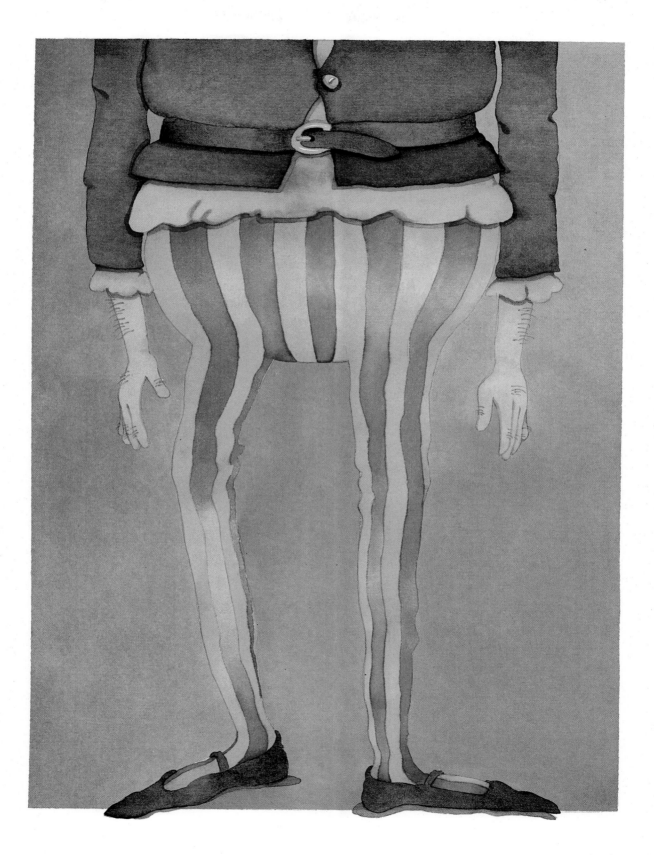

El gigante abrió mucho los ojos, como si no supiera de qué le hablaban. Y comenzó a explicar que no había actuado de mala fe. Sencillamente hacía a un lado las nubes porque no le gustaba que estuviera nublado.

Le agradaba el sol. Es más, era un enamorado del sol. Quería que brillara mucho y pintara de colores el cielo, las montañas, los campos, los techos de las casas, las caras de los niños... Por eso cuando venía una nube, él la echaba afuera.

—Además —decía el gigante—, la lluvia sólo sirve para mojarnos a todos.

Don Gil se quedó asombrado.

—¿De veras no sabes para qué sirve la lluvia? —preguntó, ahora con ternura, al darse cuenta de la buena disposición del gigante—. Entonces escúchame: la lluvia le da de beber a la tierra, y así la tierra hace crecer las hierbas, las papas, los tomates, las cebollas, la cebada y tantas otras cosas. Y también sirve para lavar las casas y los techos...

Entonces Don Gil tuvo una idea. Prefirió callar y hacer una demostración. Abrió el paraguas ¡Plaf!... Y súbitamente, ahí mismo, dentro del castillo, empezó a llover.

Y no fue una lluviecita suave, no... ¡Fue un buen chaparrón!
Un aguacero que llenó vasos, macetas y en un momento formó
regueros que se escurrieron por puertas y ventanas.

Luego se fueron juntando hasta convertirse en un pequeño río que rodeó la montaña y se fue haciendo cada vez más grande hasta llegar a los campos, que se llenaron de agua y de vida.

Bajo un sol que brillaba sin piedad, se hizo el milagro: los campos bañados por aquella extraña lluvia se tornaron verdes, la hierba brotó fuerte y vigorosa y las flores aparecieron por todas partes.

La gente del pueblo estaba maravillada. Todos se quedaron boquiabiertos.

Desde el castillo, Don Gil y el gigante también vieron el florecimiento súbito de los campos. Entonces el gigante tuvo una buena ocurrencia.

Levantó a Don Gil, se lo puso en un bolsillo para no demorar la marcha, y de dos zancadas fue a alcanzar una nube llena de agua. Quería remediar por completo la desgracia de la sequía que, sin querer ni saber, había ocasionado en el pueblo.

Comprendía ahora la necesidad de la lluvia y estaba contento de poder colaborar.

Entonces fue a pararse precisamente a la mitad del pueblo y exprimió, como si fuera una esponja, la nube que había atrapado.

Una lluvia nueva, fresca, risueña, juguetona, empezó a mojar a todos, desde los sombreros de los campesinos hasta la punta de la nariz de los niños que, chupándose el dedo, miraban el enorme tamaño del gigante, ahora con más admiración que temor.

Aquella misma noche, en la plaza del pueblo, hubo
una fiesta y un gran banquete.

La gente quería celebrar por dos cosas: primero, porque los
campos volvían a estar floridos y la cosecha sería buena y,
después, por la reciente amistad del gigante con el pueblo.

Así lo proclamó el alcalde:

—Hemos de reconocer que la culpa de lo que ha pasado ha sido nuestra. Se nos olvidó que podíamos haber hablado con el gigante antes de pensar mal de él.

A partir de ahora todos seremos amigos y nos ayudaremos. También queremos agradecer la ayuda del amigo Don Gil, el trovador. ¡Viva el gigante y viva Don Gil...!

—¡Vivaaaaaaa! —gritaron todos.

Al cabo de unos días, Don Gil decidió seguir su camino y fue a despedirse del gigante. Lo encontró muy contento, orgulloso de mostrarle algo que había construido.

—Mira —le dijo—, me he hecho un aparato como el tuyo; también le llamo paraguas. ¿Verdad que es bonito?

Don Gil tuvo que reconocer que, efectivamente, era tan bonito como el suyo.

—Pero... —agregó el gigante con un aire pensativo—, me parece que no lo he hecho muy bien porque, por más que lo abrí, no cae agua por ninguna parte. ¿Le faltará alguna cosa?

Don Gil, que tampoco era experto en esos artefactos, lo miró por todas partes y por fin dijo:

—Bueno, yo no me preocuparía mucho. Tú no tendrás problema, cuando quieras lluvia, puedes ir a buscar nubes. Quizás estos aparatos sólo funcionan para las personas pequeñas como yo.

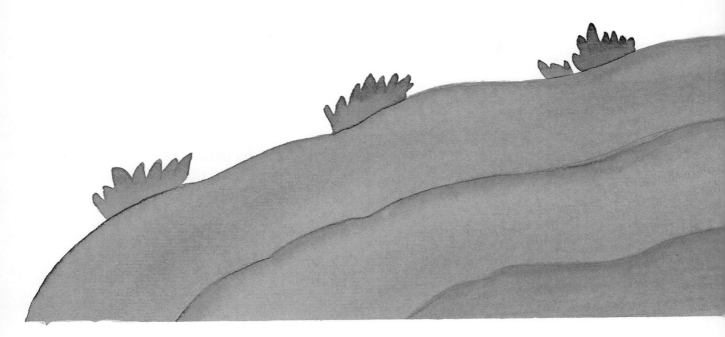

Y Don Gil, el trovador, siguió muy contento cantando por el mundo.

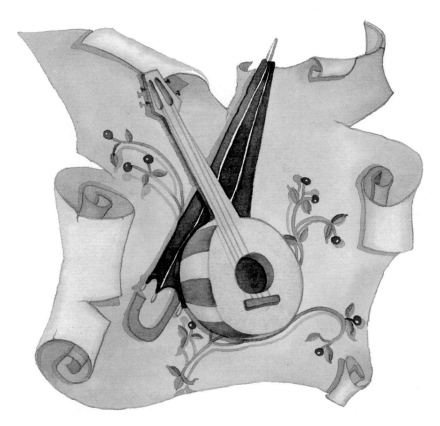

PIÉNSALO

 ¿Por qué sabes que Don Gil es un ser valiente?

 ¿Qué te indica que el gigante no era malo?

 ¿Los habitantes del pueblo habrían podido resolver su problema sin la ayuda de Don Gil? Explica cómo.

Conoce a la ilustradora
Rosario Valderrama

Nací en la ciudad de México. Soy la del medio de una familia de muchos hermanos y hermanas. Siempre he sido chiquita, juguetona y molestona; aunque dicen mis hermanos que ahora ya los molesto menos.

Siempre me gustó mucho dibujar, por eso ahora trabajo haciendo ilustraciones para niños; también hago dibujos para periódicos y revistas, pero los primeros me gustan más.

Me encanta ver la tele, tomar café y jugar con mi gato, que se llama Alberto y tiene los ojos amarillos y brillantes.

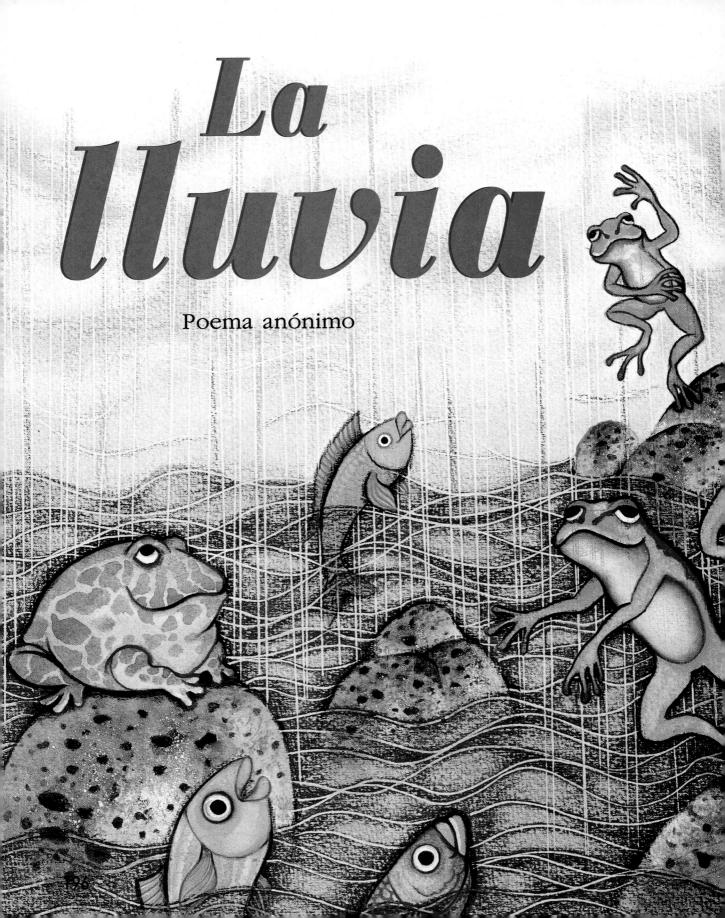

La lluvia

Poema anónimo

Gota a gota
la lluvia refresca
con su canto alegre.

Con la lluvia ligera
niños y niñas
bailan al son
de las palmadas.

¡Su canto invita
a jugar con el agua!

Con la lluvia tupida
ranas y sapos
ríen haciendo
reverencias.

¡Su canto invita
a jugar con el agua!

Con la lluvia ligera,
peces de colores
saludan a la luna.

Gota a gota
la lluvia refresca
con su canto alegre.

TALLER DE

¡Hoy, gran función!

HAZ UN CARTEL

Don Gil hará una demostración pública de lo que puede hacer su paraguas mágico. Ayúdale a invitar a los habitantes de tu ciudad a que asistan al espectáculo. Haz un cartel que en pocas palabras explique los detalles del evento.

A la lluvia

COMPLETA UN POEMA

Imagina que tú eres un trovador y tienes que declamar un poema, pero éste aún no está terminado. ¿Cómo completarías la rima?

Que llueva, que llueva,
la reina de la _____
los pajaritos cantan,
la luna se_____.

ACTIVIDADES

Había una vez...

ESCRIBE UN CUENTO

Con los mismos personajes de la historia de Don Gil, escribe un cuento en el que al gigante le guste la lluvia en vez del sol. Intercambia tu cuento con el de tus compañeros.

Qué espectáculo

USA LA MÍMICA

Supongamos que en el cuento de "Don Gil y el paraguas mágico" todos los personajes son mudos. Forma una compañía de actores con algunos de tus compañeros y usen la mímica para representar el cuento.

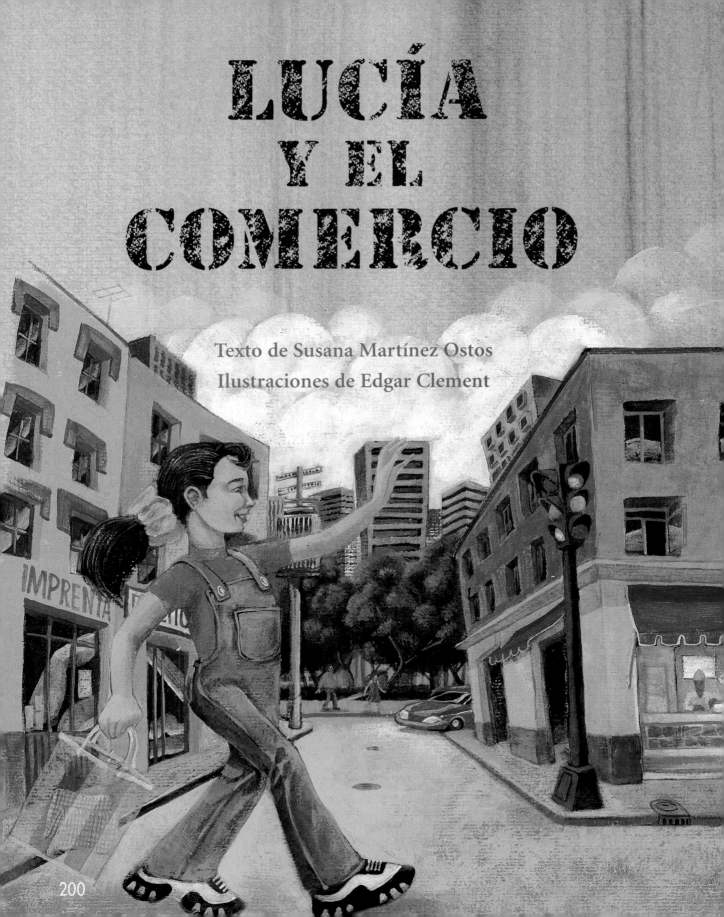

LUCÍA Y EL COMERCIO

Texto de Susana Martínez Ostos

Ilustraciones de Edgar Clement

Desde que era pequeña iba sola a la miscelánea
a comprar dulces, chocolates, chiclosos y también cosas
que me encargaba mi mamá para la casa. La miscelánea
de la esquina siempre está muy bien surtida.

La tortillería está cerca, por eso, a veces mi mamá me dice:

—Ve por las tortillas, Lucía.

Me llevo un trapo para envolverlas y mientras me toca mi turno miro cómo funciona la máquina.

—Cuatro libras, por favor.

De regreso voy comiendo una tortilla bien calientita.

Cuántas cosas grandes y pequeñas, livianas y pesadas hay en la tlapalería. Desde un clavito hasta un tubote. Mi papá encuentra allí desde utensilios de jardinería y plomería, hasta el material necesario para pintar la casa.

En la pollería de don Pepe hay pollo muy fresco. Si mi mamá no llega temprano, ya no alcanza a comprar ni una sola pieza pues se acaba rápido.

Mientras don Pepe corta con sus tijerotas el pollo, me siento en la banca que puso allí y platico con él.

203

El dueño de la abarrotería es polaco, pero llegó a México hace 40 años. Siempre le entrego la lista que le manda mi mamá:

—A ver, a ver... —dice—. Una bolsa de una libra de detergente, un cuarto de galón de aceite, dos libras de frijol, una caja de galletas...

Luego pone todo en la bolsa del mandado y me regala un dulce.

Me encanta ir a la papelería y ver cuántas cosas vende la señora Carmen: cuadernos, libretas, carpetas, lápices, creyolas, plumas, papeles de todos colores y tamaños.

—Me da un papel de esos que tiene en la mano, doña Carmen.

—¿Para qué lo quieres, Lucía?

—Para envolver un dibujo que le hice a mi mamá.

—Entonces, también te voy a dar este moño para que lo adornes.

Me gusta más ir a la panadería, porque soy muy golosa. Con el dinero que me dio mi mamá elegí cocoles, conchas, cuernos, hojaldras, espejos, corbatas, polvorones y orejas para la cena porque vienen mis primos esta noche. Papá prefiere el bolillo o la telera porque no es antojadizo como yo.

Dice mi abuelito que la zapatería de los Chávez es una de las pocas en las que todavía hacen los zapatos a la medida. También reparan el calzado de la gente de nuestro barrio porque nos conocen desde hace mucho tiempo.

En el molino hay toda clase de olores: entre todos, puedo adivinar el de los chiles porque es el más fuerte y porque me "pica" en la garganta.

Allí puedo comprar canela, anís, estragón, orégano, ajonjolí... y diferentes chiles que mi mamá utiliza para hacer mole.

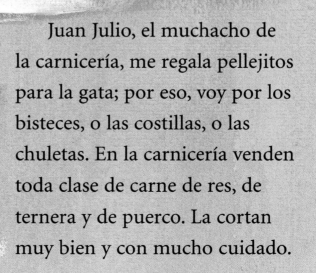

Juan Julio, el muchacho de la carnicería, me regala pellejitos para la gata; por eso, voy por los bisteces, o las costillas, o las chuletas. En la carnicería venden toda clase de carne de res, de ternera y de puerco. La cortan muy bien y con mucho cuidado.

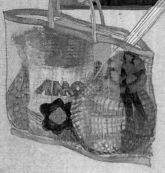

Mi tía toma clase de tejido en la mercería, y cuando me pide que la acompañe me aburro aunque doña Emilia, la dueña, me deja jugar con los botones, los listones y los hilos. Si entra un cliente brinco del gusto porque lo atiendo imitando a doña Emilia:

—Buenas tardes. ¿Qué desea?

En la frutería y verdulería de enfrente de mi casa
tienen de mascota un conejo, que me dejan acariciar
cuando atravieso con cuidado la calle. Siempre tienen
naranjas, manzanas, melones, mangos, duraznos
jugosos... y zanahorias, verdolagas, espinacas, lechugas,
cebollas y ajos muy frescos.

En la salchichonería, don Felipe despacha toda clase de quesos, cremas, jamones, mantequillas, salchichas...

Todavía no aprendo a leer la báscula pero don Felipe es muy honrado: mi mamá le tiene confianza. Ayer fui aunque estaba lloviendo porque me da mi "probadita" de queso.

Por mi casa hay 13 tiendas. ¿Puedes recordar cuáles son?

PIÉNSALO

1 ¿Qué comercios hay en el barrio de Lucía?

2 ¿Por qué crees que en la mercería dejan que Lucía atienda a los clientes?

3 ¿Qué objetos de los que se venden en los comercios del barrio de Lucía usas? Explica para qué.

La ciudad

En la ciudad, ¿quién vive?

Vive una familia muy grande, llamada comunidad. La comunidad la formamos las personas, los que nos saludamos todos los días y los que nunca nos vemos las caras, los chicos y los mayores, los muy sabios y los que sólo saben que dos más dos son cuatro. Por diferentes que parezcamos, todos necesitamos vivir en paz, crecer sanos y tener ganas de cantar.

Cada uno tiene su parte de ciudad: es el barrio. El barrio parece un gran hogar que rodeara nuestro hogar; el barrio con las vecinas, los compañeros, las amigas. La señora del quiosco de revistas, el vigilante de la esquina, el cartero, todos nos saludan y saben nuestro nombre.

212

La ciudad y la comunidad que vive en ella componemos un mundo en pequeño; somos como una muestra del mundo. Aquí tenemos un rascacielos de cuarenta pisos, con terrazas soleadas, llenas de plantas y, muy cerca, una callecita estrecha y oscura, adonde apenas llega un rayo de sol para que florezca un geranio y se seque un pañuelo.

La ciudad es un muestrario de lo grandísimo y lo muy pequeño, lo más alegre y lo menos alegre, lo cómodo y lo incómodo, lo que se cuenta y lo que se guarda en secreto.

CANASTA DE...

HAZ UNA LISTA

¿Recuerdas qué objetos se vendían en la comunidad de Lucía? Elabora dos listas, en una incluye nombres de utensilios que se usen para algún tipo de trabajo y en la otra incluye nombres de alimentos.

TALLER DE

COMERCIANTE POR UN DÍA

ESCRIBE UNA CARTA

Imagina que en verano visitaste a un familiar propietario de un comercio y que le ayudaste a atender el negocio. Escribe una carta a tus padres o a tus amigos y cuéntales cómo era el comercio, y qué objetos se vendían en él. Describe a las personas que lo visitaban.

MI BARRIO

REDACTA UN PÁRRAFO

En el cuento, Lucía menciona varios oficios de su comunidad. Describe en un párrafo un oficio o trabajo que la gente de tu comunidad realice. Nombra los objetos y el tipo de material que utiliza, así como la forma en que se trabaja ese oficio.

ACTIVIDADES

CANTEMOS...

REPRESENTA UNA ESCENA CÓMICA

Forma un grupo de cinco estudiantes. Imaginen que tienen una tienda de discos y que para mejorar las ventas van a cantar a coro una canción a los clientes. Inventen una canción y cántenla a la clase. Usen una grabadora o un instrumento musical. Como escenografía utilicen carteles y vistan ropa extravagante.

Conclusión del tema

¿Cuál es el escenario?

HAZ UNA LISTA

Las historias de otras partes del mundo pueden incluir detalles sobre la comida, ropa, costumbres y sitios más importantes de esos lugares. Analiza dos cuentos de este tema. Haz una lista de los detalles de cada cuento y compáralas. ¿En qué se parecen? ¿En qué son diferentes?

Lo mejor de lo mejor

DA UN PUNTO DE VISTA

Todos los cuentos de este tema son especiales en cierta forma. Ofrece el premio "Lo mejor de lo mejor" al cuento que más te guste. Decide qué categorías premiarás. Por ejemplo: las mejores ilustraciones, los personajes más interesantes, el escenario más original. Elabora diplomas o medallas para los ganadores. Menciona el nombre de los ganadores y explica por qué los elegiste.

¿Cuál es la solución?

HAZ UN DIAGRAMA

Los personajes de los cuentos en este tema resuelven diversos problemas, ayudados por familiares y amigos. Por equipos pequeños elaboren un diagrama que muestre los problemas de los personajes y sus posibles soluciones. Observa este ejemplo:

Don Gil y el paraguas mágico

Problema:	Solución:
En un pueblo no llueve porque un gigante aleja las nubes.	Don Gil habla con el gigante y le enseña que la lluvia es necesaria para que viva la gente.

217

TEMA

¡Viva el mundo!

Contenido

Los favoritos de los lectores

El aullido de los monos
de *Kristine L. Franklin*
Ficción realista
Cuando el padre de Marta vendió sus tierras, el bosque comenzó a desaparecer y también los monos.

Te presento a la orquesta
de *Ann Hayes*
Narrativa de divulgación
Los músicos de una orquesta se acomodan según el instrumento que tocan: cuerdas, viento, madera, bronce o percusión.

El maravilloso viaje de Alejandro
de Gisela Mehren
Fantasía
Una aburrida tarde de domingo,
Alejandro y su osito deciden
vivir una aventura emocionante.

Camila come cuentos
de Laurence Herbert
Fantasía
Para vivir hay que leer, dice Camila.
Y vive comiendo cuentos cada
dos por tres.
¿Te ha pasado
alguna vez?

COLECCIÓN DE LECTURAS

FAVORITAS

Mira cómo salen las estrellas
de Riki Levinson
Cuento
Hoy una niña buscará las estrellas en
el cielo. Esperará a que su abuela
venga y le cuente una historia.

221

Yo estoy a cargo de las celebraciones

Texto de *Byrd Baylor* ◆ Ilustraciones de *Peter Parnall*

Premio
al mejor autor e
ilustrador

Algunas veces
　　la gente me pregunta:
　　　"¿No te sientes sola allí,
　　rodeada
　　tan sólo
　　por el desierto?"

　　Creo que se refieren
　　a las pitayas
　　y las yucas
　　y los cactus
　　y las rocas.

　　Creo que se refieren
　　a las barrancas profundas
　　y los nidos de halcones
　　en los peñascos
　　y a las huellas de coyote
　　que serpentean
　　por los cerros.

　　"¿Sola?"

　　No puedo evitar
　　reírme
　　cuando me
　　preguntan eso.

　　Siempre los miro...
　　sorprendida.

Y respondo:
"¿Cómo podría sentirme sola?
Si yo estoy
a cargo de
las celebraciones."

A veces
no me creen,
pero es cierto.

Yo misma
me nombro
responsable.
Y elijo
mis propias celebraciones.

El año pasado
me regalé
ciento ocho
celebraciones,
sin contar aquellas
por las que cierran
la escuela.

No puedo conformarme
con sólo
unas cuantas.

Amigo, te diré
qué es lo que hago.

Tengo un cuaderno
en el que escribo la fecha,
y luego escribo algo
sobre la celebración.

Soy muy cuidadosa
al elegir
lo que va a entrar
en ese cuaderno.

Tiene que ser algo
que pienso recordar
por el resto de mi vida.

Puedes saber
qué merece
una celebración
porque
tu corazón
PALPITARÁ
y
te sentirás
como si estuvieras
en la cima de una montaña
y recobrarás el aliento
como si estuvieras
respirando
un nuevo
tipo de aire.

Si no es así,
lo cuento tan sólo
como un día normal.
(Te dije que era muy
cuidadosa para
escoger.)

Amigo, cómo me hubiera
gustado que estuvieras aquí
el Día de los Remolinos
de Arena.

Pero como no estuviste,
te contaré cómo
se convirtió
en mi primera
y real celebración.

Puedes llamarlos
torbellinos
si así lo deseas.
Yo, por mi parte, pienso
que remolinos de arena
suena mejor.

Pues, sea como sea,
siempre me detengo
a mirarlos. Aquí,
todos lo hacen.

Como sabes, llegan
desde muy lejos,
levantándose
desde los llanos,
dando vueltas,
balanceándose,
cayendo

y revolviéndose,
levantando palitos
y arena y plumas
y rodadoras secas.

Resulta que el pasado
once de marzo
nos dirigíamos a algún lugar.
Yo iba en la parte trasera de
un camión de redilas
cuando los remolinos
de arena
empezaron
a formarse.

Se podía ver
que eran
gigantescos.

Uno juraría
que estaban
llamando
a sus amigos
a venir también.

Y llegaron:
bailando
al ritmo
de su propia
música
airosa.

Todos empezamos
a contarlos.
Todos empezamos
a buscar otros.

El camión se detuvo
y anduvimos
dando vueltas
y más vueltas
mirándolos a todos.
Eran siete.

En momentos como ése
algo dentro de ti
como que se vuelve loco.
Tienes que correr
para alcanzarlos,
y gritas
todo el tiempo.

Tienes que
remolinear
como si fueras
uno de ellos,
y no puedes detenerte
hasta que
te sientes caer.

Y luego, todo el día
piensas
en lo afortunado
que fuiste
de estar allí.

Algunas de mis mejores
celebraciones
son sorpresas repentinas
como ésa.

Si no hubieras salido
en ese preciso
momento,
te habrías perdido
de ellos.

Yo paso
mucho tiempo afuera
mirando lo que
me rodea.

Una vez
vi un arco iris triple
que terminaba en un cañón
donde había estado
el día anterior.

Había subido hasta la mitad
de un cerro
y me quedé parada
en medio de la llovizna.

Casi había oscurecido
pero yo no pensaba
pasar por allí
(por los arco iris,
por supuesto),
y entonces
en la punta del cerro
vi parada
sobre sus patas traseras,
una liebre,
completamente inmóvil,
mirando frente a ella
el mismo arco iris triple.

Quizá yo sea
la única persona en el
mundo que ha visto
un conejo
inmóvil en la bruma
mirando tranquilamente
tres arco iris.

Eso merecerá
siempre una
celebración.

Lo escribí en mi cuaderno
y dibujé la colina
y el conejo
y el arco iris
y me dibujé a mí misma.

Desde entonces
el nueve de agosto
es el Día de Celebración
del Arco iris.

Tengo también
el Día de la Nube Verde.

Si le preguntas a cualquiera
te dirá
que las nubes
no son verdes.

Pero una tarde de invierno,
ya avanzada,
vi esa enorme
nube verde.

No era
azul verdosa
ni gris verdosa
ni nada por el estilo.
Esta nube
era
verde...

verde como un loro
de la selva.

Y lo más extraño es que
empezó
a tomar la forma de un loro,
primero las alas,
luego la cabeza
y el pico.

En lo alto del
cielo invernal
ese pájaro verde
voló.

No duró
más de un minuto.
Ya sabes qué
rápido puede
cambiar una nube,
pero aún recuerdo
cómo se veía.

Así que celebro
a las Nubes Verdes
el seis de
febrero.

En momentos como ésos
siempre pienso:
"¿Qué tal si no
la hubiera visto?
¿Qué tal si me hubiera
quedado en casa?
¿O si no hubiera
mirado hacia arriba
en ese instante?"

Como puedes ver, soy
muy afortunada
para cosas como ésa.

Y fui afortunada
el Día del Coyote,
porque de entre
todos los instantes
sólo podía
haber uno
en el que
un determinado coyote
y yo podíamos
encontrarnos, y así fue.

Amigo, me hubiera gustado
que estuvieras también.

Yo rastreaba
huellas de venado,
sin ninguna prisa
agachándome
mientras caminaba
y como canturreando.
(Me gusta canturrear
cuando estoy sola.)

Levanté la vista
a tiempo para ver
a una coyota joven
trotando
por la maleza.

Pasó frente a mí.
Hacía viento ese día
y ella caminaba hacia
el este.

Con ese andar suave
y silencioso
con que se mueven
los coyotes,
avanzó
en contra del viento.

Me quedé inmóvil
con el aliento
cortado deseando
poder moverme
como ella.

Me sorprendió
verla
detenerse
de pronto
y voltear
a verme.

Como si pensara
que yo era sólo
una criatura más
siguiendo otro
sendero rocoso.

(Esto, desde luego,
es cierto.)

No se apresuró.
Ni estaba asustada.

Yo vi sus ojos
y ella vio
los míos.

Y esa mirada
creó un lazo
entre nosotras.

Por ese motivo,
nunca volveré
a ser la misma
de antes.

Por eso
el veintiocho de septiembre
celebro
el Día del Coyote.

Esto es lo que hago:
recorro el sendero
por el que caminé
ese día,
y canturreo
suavemente
mientras avanzo.

Por último
desenvuelvo
el regalo
que traje para ella.

La última vez
le llevé tres manzanas,
unas semillas de calabaza,
una mazorca de maíz
y galletas de jengibre
grandes, suaves,
hechas en casa.

Al día siguiente
pasé casualmente
por ese camino otra vez.
Por toda la roca
había huellas de coyote,
donde había dejado
la comida, y la comida
ya no estaba.

El año próximo
prepararé algo
mucho mejor.
Traeré un bocado adicional
y también comeré allí.

Otra de mis
principales celebraciones
es la que llamo
La Época de las
Estrellas que Caen.

Dura casi una semana
a mediados de agosto,
y yo espero
todo el año
esas cálidas
noches de verano
cuando el cielo
se vuelve loco.

Puedes llamarla
lluvia de meteoros
si deseas.
Pero a mí me gusta
decirles
estrellas que caen.

Toda esa semana
duermo al aire libre.

Pongo
toda mi atención
en el cielo.

Y cada vez
que una franja de luz
se proyecta
en la oscuridad,
siento que
el corazón
se me sale
del pecho.

Una noche
vi una bola
de fuego
que dejó
una larga estela
roja
brillante
en el cielo.

Cuando
desapareció,
me quedé quieta
mirando
hacia arriba,
sin poder
creer
lo que veía.

Lo más extraño es que
conocí a un hombre
que me dijo
que también la vio
cuando descansaba
junto a una fogata
a quinientas millas
de distancia.

Me dijo que esa noche
no pudo
volver a dormir.

De repente pareció
que los dos
hablábamos
una lengua
que nadie más
podía
entender.

Cada mes
de agosto
de mi vida,
me acordaré
de eso.

Amigo,
he dejado
mi celebración del Año
Nuevo
hasta el final.

Mi festejo
es un poco diferente
al de la mayoría
de la gente.

Sucede en
primavera.

Para ser franca
nunca sentí que
mi año nuevo
empezara
el primero de enero.

Para mí
es tan sólo
otro día
de invierno.

Yo dejo
que mi año
empiece
cuando termina
el invierno
y la luz matutina
aparece
más temprano
tal como *debe ser*.

Entonces me siento
como si estuviera
empezando algo nuevo.

Espero hasta que
las palomas de alas blancas
regresan de México,
y las flores silvestres
cubren los cerros,
y florece
mi cactus
favorito.

235

Siempre me
recuerda
que yo también
tengo que florecer.

Es entonces
cuando empiezo
a planear
mi celebración
del Año Nuevo.

Por último elijo
un día que sea
precisamente
el indicado.

Hasta el aire
tiene que
estar perfecto,
y la tierra
debe sentirse
agradable y tibia
con los
pies descalzos.

(Casi siempre
es un sábado,
hacia finales de abril.)

Tengo un tambor
que toco
para señalar
El Día.

Luego me voy
a vagabundear
por todos
mis senderos
favoritos
a todos los
lugares
que me gustan.

Reviso
cómo está todo.

Me paso el día
admirando cosas.

Si la vieja tortuga
del desierto
a la que conozco desde el
año pasado
anda fuera
dando un paseo,
camino en busca de ella
un rato.

Celebro
con los sapos cornudos,
los cuervos,
los lagartos
y la codorniz...

Y, amigo,
no es
mala la fiesta.

Al caminar de regreso a casa
(con una especie
de canturreo),
a veces
pienso en la gente
que me pregunta si
me siento *sola* aquí.

Tengo
que reírme
a carcajadas.

Piénsalo

1. ¿Qué tienen en común los días
   de celebración que elige el personaje?

2. ¿Cuál de estos días elegirías para una
   celebración? Explica tu respuesta.

3. ¿Por qué se ríe el personaje cuando
   le preguntan si se siente sola?

Conoce a la autora

Byrd Baylor

Queridos amigos:

Yo estoy a cargo de las celebraciones es un cuento que habla de mi vida y del lugar donde vivo. Nací en Texas y pasé muchos veranos en un rancho al oeste de Texas. Me gusta vivir donde crecen los cactus y las pitayas. Me encanta escuchar el aullido de los coyotes en las noches frías y claras. Éstas son las cosas que celebro.

Tú también puedes celebrar la naturaleza. Escucha el canto de los pájaros, mira las flores y contempla las rocas. Siente el viento, el sol y la lluvia. ¡En la vida hay muchas razones para celebrar!

Sinceramente,

Byrd Baylor

Conoce al ilustrador

Peter Parnall

Queridos lectores:

Amo a la naturaleza, en especial a los animales. Desde muy joven quería ser veterinario, pero al final decidí que prefería dibujar animales que curarlos. Disfruto mucho al ilustrar los libros de otros autores, pero me encanta escribir e ilustrar mis propios libros.

Actualmente vivo y trabajo en una granja que tengo en Maine. Dos de mis actividades favoritas son dar largas caminatas por la granja y compartir mi arte con los niños. Espero que disfrutes las ilustraciones de *Yo estoy a cargo de las celebraciones*.

Sinceramente,

Visita *The Learning Site*
www.harcourtschool.com/reading/spanish

239

Taller de actividades

ESCRIBE EN TU DIARIO

La protagonista del poema anota en un cuaderno las cosas maravillosas que observa cada día. En ocasiones también dibuja lo que ve. Elige uno de los días de los que ella habla o un día que te parezca especial. Escribe una nota en tu diario acerca de ese día. También puedes acompañar tus descripciones con dibujos.

LA NATURALEZA

ESCRIBE UN POEMA

"Yo estoy a cargo de las celebraciones" es un poema acerca del desierto. Escribe un poema sobre algún lugar al aire libre que te guste. Puedes hacerlo acerca de un parque, la playa o un jardín. Describe los colores, aromas y sonidos comunes de ese lugar para que los lectores se lo imaginen.

MIRA CÓMO ME MUEVO

HAZ UNA OBSERVACIÓN

La narradora habla acerca de "el suave y silencioso caminar de los coyotes". Elige un animal que te gustaría observar. Puede ser un animal doméstico, un ave o algún animal salvaje que veas en algún documental. Analiza sus movimientos y su conducta que veas en algún documental. Redacta un párrafo sobre lo que aprendiste de ese animal al observarlo.

MOVIMIENTOS DEL DESIERTO

INVENTA UN BAILE

Inventa un baile para celebrar la vida en el desierto. Puedes incluir movimientos similares a los del coyote o giros que representen los torbellinos del desierto. Agrega música a tu baile y muéstralo a la clase.

Detalles importantes

Ya sabes que la idea principal es el tema de la lectura. Los **detalles** explican con mayor claridad la idea principal. Lee este párrafo sobre Byrd Baylor.

Byrd Baylor es escritora de libros infantiles y le encanta su hogar. Ella vive en el estado de Arizona. Le encanta el paisaje del desierto donde vive. Contemplar las montañas rocosas, el cielo estrellado y los bellos atardeceres la llena de alegría. En las noches frías disfruta escuchando el aullido de los coyotes.

Para hallar los detalles importantes en el párrafo te puedes hacer estas preguntas:

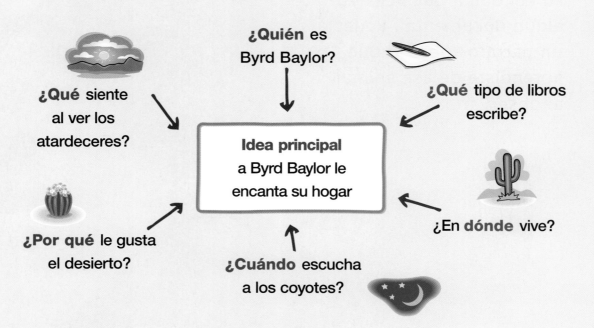

¿**Quién** es Byrd Baylor?

¿**Qué** siente al ver los atardeceres?

¿**Qué** tipo de libros escribe?

Idea principal
a Byrd Baylor le encanta su hogar

¿**Por qué** le gusta el desierto?

¿**En dónde** vive?

¿**Cuándo** escucha a los coyotes?

Encontrar los detalles importantes puede ayudarte a comprender mejor la idea principal. Con frecuencia, los detalles amplían la información sobre los personajes, el escenario y los sucesos del cuento. Lee el siguiente párrafo. Trata de responder las preguntas acerca de *quién, qué, dónde, cuándo, cómo* y *por qué*.

La primavera es la época favorita de Mike. Empieza a hacer calor y Mike no tiene que usar más su chaqueta. Además, puede jugar afuera más tiempo con sus amigos. La escuela también es más divertida en la primavera. La primavera pasada, la clase de Mike organizó una excursión a una granja. Allí alimentaron a los patos y ayudaron a sembrar algunas semillas.

¿QUÉ HAS APRENDIDO?

1 ¿Por qué los lectores deben poner atención en los detalles importantes?

2 ¿Cuál es tu época favorita del año? Menciona los detalles que la hacen especial para ti.

 Visita *The Learning Site*
www.harcourtschool.com/reading/spanish

INTÉNTALO ■ INTÉNTALO

Vuelve a leer el párrafo anterior. Haz un diagrama que muestre la idea principal y los detalles importantes.

La tortuga y los patos

Fábula de Jean de la Fontaine

Adaptación de Beatriz Barnes

Ilustraciones de Julián Cicero

—**E**ste verano no me ocurrirá como los otros —dijo doña Tortuga, mientras miraba una bandada de pájaros silvestres que volaban hacia el horizonte—. Apenas pasen las fiestas de fin de año, me pondré en camino y saldré a conocer el mundo.

El año anterior, cuando se disponía a partir, apareció doña Rata con sus seis hijas a pasar las vacaciones en su casa, y doña Tortuga tuvo que desistir de su viaje. Y el año de antes había tenido una angina que la mantuvo en cama durante todo el verano. Y el año anterior al de antes era muy chiquita para viajar sola.

Pero, aunque a doña Tortuga le gustaba mucho viajar, apenas salía de su casa. La laguna, los matorrales, las cuevas que había cerca de su casa apenas los conocía. Doña Tortuga pensaba que, como aquellas cosas estaban tan cerca, no valía la pena moverse para ir a verlas.

Doña Tortuga quería conocer otros países. Doña Tortuga quería llegar a donde ninguna tortuga hubiera llegado antes.

Doña Tortuga hubiera querido tener alas para volar cuando se le diera la gana.

Entonces una tarde llegó a la laguna y estuvo conversando con los patos silvestres.

—Este verano partiré y no creo que vaya a volver —dijo.

—¿Cómo viajarás? —le preguntaron los patos.

—Andando —contestó la tortuga.

—Parece que no se ha dado cuenta de que es una tortuga —dijo un pato a otro, volviendo hacia él el pico para hablarle con disimulo y por lo bajo.

Y agregaron después en voz alta:

—Nos parece muy bien, doña Tortuga, su entusiasmo por viajar. Nosotros también somos grandes viajeros.

—Lo sé —dijo doña Tortuga—. Siempre los miro cuando levantan el vuelo. ¡La de países que deben de conocer!

—¡No tanto, doña Tortuga, no tanto! —contestaron los patos.

—Y como sé que tienen experiencia, sobre esto mismo quería consultarles.

—Lo que guste usted, doña Tortuga —contestaron los patos encantados.

—Desearía saber cuál es el mejor camino para partir.

Los patos movieron la cabeza para todos lados y señalaron con la pata un camino angostito y largo.

—El mejor camino para partir es el que está bordeado de tréboles —dijeron. Y agregaron con voz llena de emoción:

—¡Es el camino que lleva a los países lejanos!

—Pero no te enojes, doña Tortuga, si te decimos que tardarás 125 años en llegar.

—No importa —dijo doña Tortuga—, yo vivo 500 años.

Los patos hablaron bajito un rato, y al final dijeron:

—Doña Tortuga, hemos decidido una cosa. Viajaremos y tú serás nuestra compañera. Volaremos bien alto, sobre el camino de tréboles, hasta llegar a los países del Lejano Oriente. Verás palacios, montañas, góndolas, volcanes y rascacielos, ascensores y grandísimas palmeras.

—¡Oh! ¡Oh! ¡Oh! ¡Oh! —decía doña Tortuga, llena de entusiasmo—. ¡Oh! ¡Oh! ¡Oh!...

Doña Tortuga no cabía en sí de alegría y daba vueltas como un trompo. Se veía ya resbalando por las montañas, bajando y subiendo en ascensor, cantando en góndola, comiendo dátiles. ¡Por fin se alejaría de aquel lugar tan aburrido!

250

—Tranquilízate —le dijeron los patos—. Ahora tenemos que pensar en construir la máquina.

—¿Qué máquina? —preguntó doña Tortuga.

—La máquina para llevarte.

—¿Tendrá motor?

—El motor seremos nosotros —contestaron los patos.

—¡Entonces serán dos motores!

—Hace falta una vara liviana y resistente —dijeron los patos.

Y comenzaron a buscarla. Recorrieron los alrededores y en la otra orilla de la laguna encontraron un gran sauce. Cortaron una vara y le quitaron las hojas.

—Ya está lista la máquina —anunciaron—. Abre la boca y te la colocaremos.

Doña Tortuga abrió la boca y los patos le colocaron la vara.

—¡A cerrar la boca! —dijeron—. Haremos un largo trayecto, pero en todo el viaje no abrirás la boca ni para decir Mu. Sujétate bien, que ya emprenderemos vuelo. ¡Atención! ¡Y boca cerrada!

Los patos levantaron vuelo con doña Tortuga prendida fuertemente de la vara. Se levantaron por el aire y doña Tortuga miraba encantada todo lo que iba pasando bajo sus ojos: con la boca bien apretada, se balanceaba en la máquina por encima de los árboles.

Los demás animales, al verla pasar, no salían de su asombro.

El cerdo, el burro, la oveja, el perro, comentaban en voz alta aquella maravillosa proeza:

—¡Doña Tortuga es la reina de las tortugas! —decían—. ¡Elevarse por los aires con su casa a cuestas! ¡Qué maravilla!

—¡Doña Tortuga es la emperatriz de las tortugas!

Doña Tortuga los oía y se llenaba de orgullo. Tanto, que se olvidó de que tenía que tener la boca cerrada y gritó:

—¡SÍ, SOY LA REINA DE LAS TORTUGAS Y ME VOY A OTROS PAÍSES PORQUE AQUÍ NO HAY NADA QUE MEREZCA SER VISTO POR MÍ!

Claro que aquello fue lo que quiso decir, porque apenas abrió la boca, empezó a caer por el aire, dando vueltas, y no tuvo tiempo de pronunciar una sola palabra. Lo único que se le oyó fue: Ahhhhhhhhhhhhhhhhhh... ¡Patapáfate!...

Doña Tortuga cayó en mitad de la laguna. Cayó y rebotó. ¡Menos mal que sabía nadar!

Muy agitada, llegó por fin a la orilla. Sus amigos los patos se alejaban, a todo volar, rumbo a los lejanos países del Oriente y doña Tortuga apenas tuvo tiempo para hacerles adiós con la pata.

Los otros animales se acercaron a socorrerla y la acompañaron hasta su casa. Doña Tortuga se sintió muy triste, y al otro día, para distraerse y olvidar su pena, salió a dar una vuelta por los alrededores.

Llegó al camino de los tréboles y se quedó un rato mirando los insectos que pasaban, vestidos todos ellos con sus trajes de colores. Le gustaron tanto, que al otro día volvió, y al otro día fue a los matorrales, a ver las pruebas de salto que daban las liebres, y al otro fue al concierto de las ranas...

Todos los días salió de su casa y caminó de aquí para allá, y todo lo que encontró era interesante y divertido.

—Esto es tan lindo como los volcanes, las góndolas y los ascensores que hay en los lejanos países —comentó un día en rueda de animales—. Y además queda cerquita de mi casa. Y además tengo tantos amigos, que no pienso salir de viaje esta temporada.

Y no salió ni aquel año, ni al otro, ni al otro, porque cada vez encontró cosas nuevas que ver, amigos nuevos con quienes jugar, y distintas ocupaciones en que entretenerse. ¡Hacía 350 años que estaba en aquel lugar, y aún no lo conocía del todo!

Menos mal que le quedaban todavía 145 años por delante, porque todo lo anterior le ocurrió a doña Tortuga cuando era aún muy chiquita, y no sabía ver, ni apreciar bien todo lo bueno y hermoso y lindo que la rodeaba.

Piénsalo

1. ¿Por qué doña Tortuga quería conocer otros países?

2. ¿Qué crees que sintió doña Tortuga cuando iba volando?

3. ¿Qué lección recibió doña Tortuga al no poder realizar su sueño?

ÍCARO O EL DESEO

ÍCARO EN EL LABERINTO

Desde hace muchos siglos, los hombres han deseado volar. Hicieron gran cantidad de experimentos hasta que inventaron los aviones. Junto a los inventos también surgieron muchos mitos y leyendas sobre este tema, el de Ícaro es uno de ellos.

Ícaro era hijo de Dédalo, un constructor famoso por la perfección de sus obras y a quien el rey Minos encargó la construcción, en la isla de Creta, de un laberinto del que fuera imposible salir.

Dédalo cumplió el encargo, pero, una vez terminado, el cruel rey Minos los encerró a él y a su hijo en el laberinto.

Tan complicado era el laberinto, que ni su propio constructor podía salir de él; pero como era tan hábil, Dédalo recogió plumas de aves y, uniéndolas con cera, hizo unas alas para él y otras para su hijo, con las cuales salieron volando del laberinto, ya que sus altos muros no estaban recubiertos de techo alguno.

DE VOLAR

Pero a Ícaro le gustó tanto volar que, desoyendo los consejos de su padre, empezó a elevarse cada vez más, dirigiéndose hacia el sol, cuyo calor derritió la cera de las alas. Con sus alas deshechas, Ícaro cayó al mar.

Taller de actividades

Dígame qué opina

REPRESENTA UNA ENTREVISTA

La fama de doña Tortuga ha llegado a todo el mundo.
Tú eres periodista y tienes la misión de entrevistarla.
Con un compañero, redacten tres preguntas que le
harían a doña Tortuga y sus posibles respuestas.
Luego representen la entrevista.

Feliz viaje

HAZ UN CARTEL

Diseña un cartel para hacer la
promoción turística de una de
las ciudades que visitaría doña
Tortuga. Recuerda dibujar los
monumentos y lugares más
importantes de esa ciudad.

Recrea tus vacaciones

HAZ UN MAPA

En un mapa de Estados Unidos, ubica las ciudades que más te gustaría conocer. A cada ciudad ponle un número que indique en qué orden las visitarías. Compáralo con el de tus compañeros.

Guía turística

HAZ UNA LISTA

Doña Tortuga quiere conocer tu país; consulta en la biblioteca de tu escuela un atlas de geografía y haz una lista de los lugares que le recomendarías. Esa lista debe servirle también de guía turística, así que incluye una breve nota con datos interesantes sobre cada uno de ellos.

COMO PIEDRAS

Texto de
Philip Steele

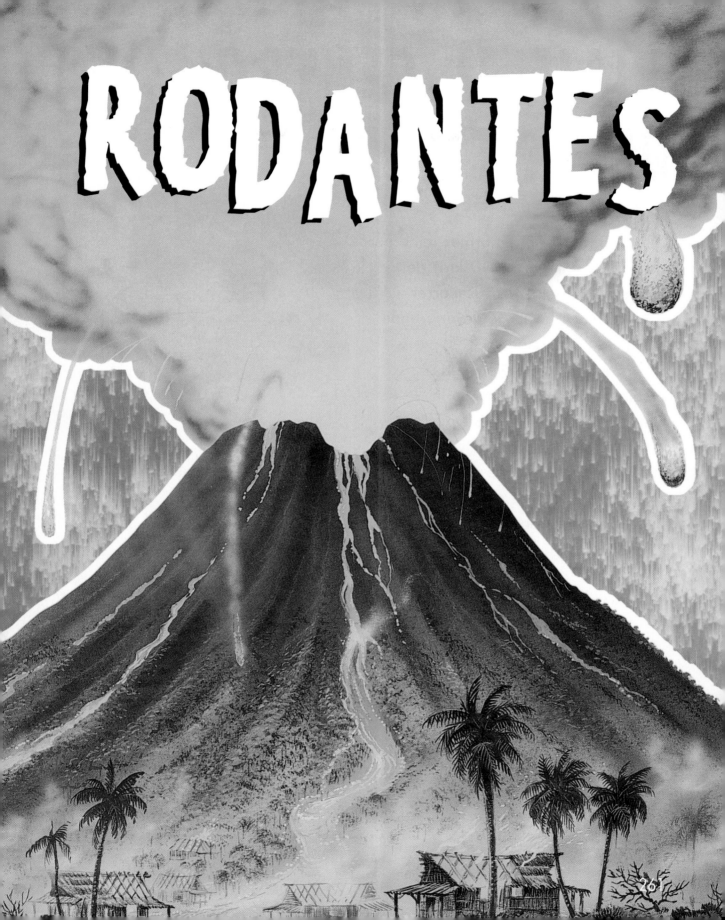

VIAJE AL CENTRO DE LA TIERRA

Nuestro planeta es enorme: mide cerca de 3,960 millas (6,400 km) de la superficie al centro. Recorrer esta distancia a pie te llevaría unos 55 días y sus noches.

Sin embargo, nadie podría caminar hacia el centro de la Tierra, pues está increíblemente caliente. Al menos a 9,000° F (5,000° C), que es la misma temperatura que hay en la superficie del sol.

Núcleo externo

Núcleo interno

La Tierra posee cuatro capas. A la más externa se le llama corteza y se compone de roca. Mide cerca de 25 millas (40 km) de espesor bajo la tierra, pero sólo cerca de 5 millas (8 km) bajo el océano.

La siguiente capa es el manto. Ésta también está compuesta de roca, pero tan caliente que en algunas partes se ha fundido en magma y es tan viscosa como la avena cocida.

Bajo el manto se halla el núcleo de la Tierra. Está compuesto por metales y tiene dos capas: el núcleo externo y el interno.

El núcleo externo es blando debido a que está muy caliente. Pero el interno, a pesar de estar aún más caliente, es sólido. ¿A qué se debe esto? A que las otras tres capas hacen presión sobre él y son tan pesadas que lo obligan a mantenerse sólido.

Corteza

Manto

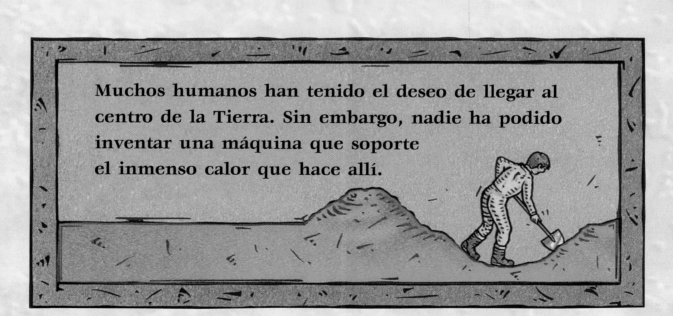

Muchos humanos han tenido el deseo de llegar al centro de la Tierra. Sin embargo, nadie ha podido inventar una máquina que soporte el inmenso calor que hace allí.

UN MUNDO ESTRELLADO

Si los océanos desaparecieran, la Tierra se vería como un rompecabezas formado por grandes piezas irregulares.

A estas piezas se les llama placas y existen cerca de veinte. Flotan en el manto de la Tierra, y se mueven a una velocidad muy lenta que hace variar su posición de 1 a 8 pulgadas al año (2 a 20 cm).

Algunas veces las placas se separan; entonces el magma viscoso del manto escapa por allí y rellena el hueco. El magma se enfría y endurece hasta formar una nueva superficie de tierra o lecho oceánico.

Las placas que forman la corteza de la Tierra siempre están en movimiento. Así es cómo los científicos creen que será la Tierra en el futuro.

A veces, dos placas chocan entre sí, haciendo que el borde de una de ellas se deslice por debajo de la otra y se fragmente para convertirse en magma.

Pero también pueden chocar y empujarse, formando las montañas, incluso bajo el agua del mar.

SACÚDANSE,

Hace apenas unos minutos, este camión circulaba por la carretera. Pero de pronto se oyó un rugido aterrador y la tierra se abrió: ¡era un terremoto!

Los terremotos más peligrosos son los que ocurren a grandes profundidades del subsuelo, entre las orillas de las placas.

Por lo general las placas se mantienen apretadas una contra otra. Pero cuando alguna se rompe, provoca que el suelo se estremezca y sacuda. Y a veces puede quedar rajado y abierto.

266

ESTREMÉZCANSE

Estas sacudidas pueden sentirse a miles de kilómetros de distancia pues se propagan desde el epicentro del terremoto, como las ondas de agua que forma una piedra cuando cae en un estanque.

Cada año ocurren de 40,000 a 50,000 terremotos lo bastante intensos como para ser percibidos por el ser humano. Sin embargo, sólo alrededor de 40 alcanzan la fuerza necesaria para causar daños.

En Japón, cada año se celebra el Día Nacional de la Prevención de Desastres con un simulacro en el que las personas practican lo que debe hacerse si ocurre un terremoto. Los voluntarios que participan, simulan el rescate de heridos entre los escombros.

MUROS DE

Aunque la mayoría de las olas se forman por la acción del viento al soplar sobre el mar, ésta no es una ola común y corriente. [ilustración] Se le llama tsunami, y es creada por un temblor de tierra.

Un terremoto sería algo parecido a una bomba enorme que hiciera explosión. La fuerza de la explosión puede provocar un tsunami que viaje miles de kilómetros por el océano.

Cuando el tsunami está en las aguas profundas del océano, su parte más alta puede elevarse apenas 20 ó 30 centímetros sobre la superficie; pero a medida que avanza hacia aguas menos profundas de la costa, el tsunami va creciendo hasta formar una gigantesca pared de agua, que a veces ¡puede llegar a ser más alta que un edificio de departamentos!

AGUA

ALTO, MÁS ALTO

Hay tres tipos de montañas. Las montañas de pliegues, como el Himalaya, se forman cuando una placa de la corteza terrestre choca contra otra, formando pliegues y elevaciones.

Las montañas de domo se forman cuando el magma empuja la corteza terrestre sin romperla, formando una especie de bulto, como la jiba de un camello.

Las montañas de bloque se forman cuando una parte de la corteza es impulsada hacia arriba por la presión que ejercen dos fracturas de una misma placa. Las fracturas de la corteza se conocen comúnmente como fallas.

Montes Himalayas

Monte Everest

CHINA

INDIA

¡Bienvenidos al techo del mundo! El Himalaya es la cadena montañosa más elevada de la Tierra, y el pico más alto del Himalaya es el Everest.

El Everest se erige a una altura de 29,029 pies (8,870 km). Pero el año entrante será ligeramente más alto, pues continúa creciendo.

El Himalaya empezó a formarse hace alrededor de 53 millones de años, cuando la placa que sostenía las tierras donde se encuentra la actual India empezó a encimarse sobre el resto de Asia y a elevarse.

Centímetro a centímetro, India empujó hacia el norte. Y a lo largo de decenas de millones de años, las orillas de las placas se arrugaron hasta formar las enormes cordilleras, picos y valles que conocemos ahora.

¡LO QUE EL AGUA

Se necesitaron cientos de miles de años para que se formara este enorme valle. Y aunque eso ocurrió hace mucho tiempo, hoy sabemos qué fue lo que sucedió.

Un caudaloso río corría por aquí. Y como todos los ríos, llevaba arenisca y guijarros que rodaban por la tierra, desgastándola poco a poco y cavando un valle.

El río se secó y desapareció hace ya mucho tiempo. Pero mira lo que dejó a su paso. [ilustración]

¿Cómo se formaron estas extrañas columnas de roca? ¿Por qué el río no las desgastó?

SE LLEVÓ!

La respuesta es que algunas rocas son más duras que otras y se desgastan más lentamente que las suaves. El río se secó antes de que pudiera desgastar las columnas.

Al desgaste de la tierra se le llama erosión, y sigue actuando hasta nuestros días. Pero si el agua ya no está haciendo ese trabajo, entonces ¿quién lo hace?

La respuesta está en el viento. Día tras día sopla por el valle, levantando arenisca y arena, y desbaratando todo lo que toca.

El viento actúa como una lija que desgasta lentamente las rocas y las va puliendo hasta darles las formas más extrañas y maravillosas.

La roca es mucho más dura que el viento y el agua; sin embargo, con el paso del tiempo, el viento y el agua son lo bastante poderosos como para modelar la tierra en que vivimos.

Piénsalo

1. ¿Crees que la Tierra tendrá la misma apariencia dentro de un millón de años? ¿Por qué?

2. ¿Aprendiste en "Como piedras rodantes" algún dato que no conocías?

3. ¿Cuál es la diferencia entre esta lectura de tipo no ficción y un cuento?

CONOCE AL AUTOR PHILIP STEELE

Decide si Philip Steele es un buen candidato para el trabajo de escritor. Observa esta solicitud. ¿Qué información te dice que Philip es un buen escritor? ¿Lo contratarías?

Solicitud de empleo

Nombre Philip Steele   *Empleo solicitado* **Autor**

Dirección Ynys Môn, Wales, Reino Unido

Escolaridad **Universidad de Durham**

Experiencia laboral

Profesor de inglés en Alemania

Editor de libros educativos en Londres, Inglaterra

Escritor y editor en Gales

Pasatiempos **Viajar, caminar** *Idiomas* **Galés**

Habilidades e intereses

Tengo un gran deseo de saber y me encanta aprender cosas nuevas. Disfruto la naturaleza. Me gusta visitar escuelas en diferentes comunidades para conocer los intereses de los niños.

Libros publicados

¿Por qué los castillos tenían fosos? y otras preguntas de hace mucho tiempo...

La ballena azul

El Atlas de las personas

(¿Tienes otra hoja para incluir los demás títulos?)

Visita *The Learning Site*
www.harcourtschool.com/reading/spanish

TALLER DE

SE MUEVE Y DA FORMA

DIBUJA UN DIAGRAMA

Esta lectura habla sobre las fuerzas que mueven y modifican la Tierra. Haz un diagrama que te ayude a explicar una de esas fuerzas. Por ejemplo, ilustra un terremoto o la formación de una montaña. Pon títulos a los sucesos y a los elementos de las ilustraciones.

¿QUÉ TAN LEJOS ESTÁ?

ESTIMA DISTANCIAS

La distancia entre la superficie de la Tierra y el centro de la misma es 3,969 millas (unos 6,387 km). Estima las distancias entre tu ciudad y otras ciudades que conozcas o que te gustaría visitar. Consulta esos datos en un atlas o enciclopedia para saber qué tan cercanas fueron tus estimaciones. Compara tus resultados con los de tus compañeros.

ACTIVIDADES

EL GRAN ESCAPE

ESCRIBE UNA OBRA DE TEATRO

Imagina que tú y tus compañeros quedaran atrapados en un tsunami, un terremoto o algún desastre similar. Escribe una breve obra de teatro sobre la manera de escapar del peligro. Usa la información del texto "Como piedras rodantes" como modelo para describir la situación. Representa la obra ante la clase.

CACERÍA DE ROCAS

ESCRIBE UN INFORME

La corteza de la Tierra se forma con tres tipos de rocas. Investiga cómo se llaman. Escribe un informe que explique cómo se originó cada uno. Busca la información que necesitas en algún libro de ciencias o en una enciclopedia.

Causa y efecto

"Como piedras rodantes" explica lo que sucede cuando se mueven las placas de la tierra. Con frecuencia, una cosa hace que otra suceda. La razón por la que ocurre un suceso es la **causa.** El resultado del suceso es el **efecto.** Identificar las causas y los efectos te ayudará a comprender por qué pasan las cosas o por qué los personajes actúan de tal forma.

El siguiente diagrama muestra las causas y efectos en "Como piedras rodantes".

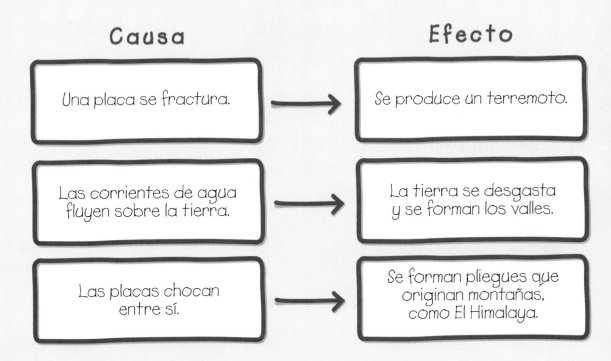

Causa	Efecto
Una placa se fractura.	Se produce un terremoto.
Las corrientes de agua fluyen sobre la tierra.	La tierra se desgasta y se forman los valles.
Las placas chocan entre sí.	Se forman pliegues que originan montañas, como El Himalaya.

Buscar las causas y efectos te ayudará a comprender mejor tus lecturas. Para hallar un efecto, pregunta: "¿Qué pasó?". Para hallar su causa, pregunta: "¿Por qué pasó esto?" También puedes buscar palabras clave como *porque* y *por lo tanto*. Estas palabras te dan pistas para encontrar las causas y sus efectos.

Lee el siguiente párrafo y encuentra una causa y un efecto:

"**A** esta montaña de arena en el desierto se le llama duna. Las dunas se forman cuando el viento sopla y acumula grandes pilas de arena. El viento mueve la arena del desierto con facilidad porque no hay plantas que la mantengan en su lugar."

¿QUÉ HAS APRENDIDO?

1. Si lees que un edificio se inundó debido a la ruptura de una toma de agua, ¿cuál fue la causa del suceso? ¿Cuál fue el efecto?

2. ¿Cuál crees que sería el efecto si de pronto tu escuela se quedara sin luz? Puedes mencionar más de un efecto.

Visita *The Learning Site*
www.harcourtschool.com/reading/spanish

INTÉNTALO • INTÉNTALO

Piensa en algo bueno que te haya ocurrido. Haz un diagrama como éste. Escribe la causa en la casilla de la izquierda. Después escribe el efecto en la casilla de la derecha.

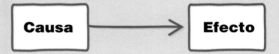

| Causa | ⟶ | Efecto |

La Lagartija y el Sol

Texto de Alma Flor Ada

Ilustraciones de Felipe Dávalos

Hace mucho, muchísimo tiempo, en el México antiguo, el sol desapareció. Toda la Tierra se oscureció y la gente tenía miedo. Los animales salieron en busca del sol por los campos y los bosques, los ríos y los lagos. Pero el sol no estaba en ninguna parte. Al no encontrarlo, todos los animales abandonaron la búsqueda, excepto la lagartija. Ésta es la historia de una lagartija valiente que no quiso darse por vencida hasta poder restaurarles a todos la luz y el calor.

Todo el mundo sabe que el sol sale cada día. Algunos días, brilla con fuerza en el cielo azul y sin nubes. Otros, las nubes lo cubren y su luz es mucho más débil. Cuando las nubes sueltan su carga de lluvia, el sol desaparece detrás de una cortina de agua. Hay lugares donde nieva. Durante las nevadas, el sol también permanece oculto.

Pero aun cuando las nubes, la lluvia o la nieve puedan ocultar el sol, sabemos que todavía está allí. El cuento que voy a contarte ocurrió hace mucho, mucho tiempo, cuando el sol desapareció de verdad.

Hacía muchos días que el sol no había salido. Todo estaba oscuro. Todas las plantas, los animales y las personas esperaban ansiosos que el sol apareciera. Pero el sol no salía y todo estaba en tinieblas.

La gente tenía frío. Los pájaros habían dejado de cantar y los niños habían dejado de jugar. Todos estaban asustados y temerosos, porque jamás había ocurrido algo así.

Los animales decidieron salir
en busca del sol. Los peces y las
tortugas buscaron en los ríos y los
lagos. Pero el sol no estaba allí.

Las verdes ranas y los sapos
de grandes bocazas miraron en los
charcos. Pero el sol no estaba allí.

Los venados y las ardillas
buscaron en los bosques, pero
el sol no estaba allí.

Los conejos y las liebres buscaron
en las praderas. El jaguar buscó en la
espesura de la selva verde, donde
habita. Pero el sol no aparecía por
ninguna parte.

Los pájaros buscaron en las
ramas donde habían hecho sus
nidos. Y el águila majestuosa voló
sobre las cimas de las montañas
y las cúspides de los volcanes.
Pero nadie podía encontrar al sol.
Y poquito a poco, todos los animales
abandonaron la búsqueda. Todos,
excepto la lagartija.

La lagartija siguió buscando
al sol. Se trepó a las rocas,
se escurrió por los troncos de
los árboles y escudriñó debajo
de las hojas, buscando, siempre
buscando.

Y por fin, un día, vio algo muy extraño.
Andaba sobre unas rocas cuando vio que una
de ellas brillaba, como si tuviera una luz adentro.

La lagartija había visto muchas rocas en su vida.
Había visto rocas lisas y pulidas, y rocas ásperas
y agudas. Había visto brillantes rocas grises y rocas
oscuras y opacas. Pero nunca había visto una roca
que brillara tanto como ésta. Brillaba con tanta
fuerza que parecía resplandecer. Y con gran

entusiasmo, la lagartija corrió a la ciudad a compartir su descubrimiento.

Por fin la lagartija llegó a la ciudad. Aunque no había tenido luz del sol por muchos días, la gente había seguido trabajando. Las balsas flotaban suavemente sobre las aguas de la laguna, cargadas con frutas y flores. En la enorme plaza del mercado, los vendedores habían colocado sus mercancías sobre hermosos sarapes tejidos. Las pirámides de frutas y de vegetales lucían como réplicas de las grandes pirámides de piedra que se erguían sobre la ciudad.

Pero sin la luz del sol nadie podía ver los brillantes colores de los pimientos y los tomates, los hermosos colores profundos de las frazadas y sarapes. En cambio, las antorchas parpadeantes que alumbraban el mercado creaban sombras profundas. Y, en lugar del bullicio alegre de compradores y vendedores pasándola bien, se oía el murmullo de voces preocupadas preguntándose cuánto duraría esta noche interminable.

La lagartija no se detuvo a mirar las barcas ni las mercancías en el mercado. No se detuvo a mirar la callada muchedumbre que caminaba por la plaza. En cambio, se dirigió al palacio mayor, y no se detuvo hasta que estuvo frente al trono.

Aquí, bajo la luz tenue de las antorchas, la lagartija vio al gran emperador. Llevaba sandalias de oro y una alta corona de bellas plumas.

—Señor, he visto una roca que brillaba con una luz extraña —dijo la lagartija.

—Mueve la roca, para que averigües por qué brilla —ordenó el emperador.

La lagartija hizo lo que el emperador le había ordenado. Regresó a donde se encontraba la roca y trató de moverla. Trató de empujarla con sus dos patas delanteras y luego con sus dos patas traseras. Pero la roca no se movió. Por fin la lagartija empujó la roca con todo su cuerpo. Pero la roca no se movió.

A la lagartija no le quedó otro remedio que regresar a la ciudad. Cruzó uno de los amplios puentes, pasó el mercado, llegó al palacio mayor y se fue directamente a ver al emperador.

Lo encontró sentado en el mismo trono, rodeado por el humo de las antorchas.

—Lo siento, señor —le dijo—. Hice todo lo que pude, pero no logré mover la roca.

El emperador quería ver la roca resplandeciente, así que decidió regresar con la lagartija. Pero primero llamó al pájaro carpintero:

—Quiero que nos acompañes —dijo el emperador al pájaro carpintero.

Y así los tres, el emperador, la lagartija y el pájaro carpintero, se fueron a ver la roca resplandeciente.

Cuando llegaron a la roca, el emperador
le dijo al pájaro carpintero:

—Quiero que golpees esta roca fuertemente
con el pico.

El carpintero obedeció al emperador. Le dio
un gran picotazo a la roca con su fuerte pico,
y la roca se rajó. Y dentro de la roca estaba
el sol, todo acurrucado y dormido.

El emperador se alegró mucho de ver de nuevo al sol. El mundo había estado muy frío y oscuro sin él.

—Despiértalo, carpintero —ordenó el emperador.

Y el pájaro carpintero golpeó la roca varias veces.

Toc, toc, toc, sonó el pico del pájaro carpintero al golpear la dura roca. El sol abrió un ojo, pero inmediatamente lo volvió a cerrar y siguió durmiendo.

—Despiértate, sol —dijo la lagartija—. Todos los animales te han estado buscando.

Pero el sol no respondió. Sólo se estiró un poco y siguió durmiendo.

—Despiértate, sol —dijo el pájaro carpintero—. Todos los pájaros te están esperando.

Pero el sol lanzó un enorme bostezo y siguió durmiendo.

—Levántate, sol —dijo el emperador—. Toda la ciudad te necesita.

Pero el sol nada más respondió: —Déjenme en paz. Quiero dormir.

El emperador comprendió que necesitaba actuar. Sin el sol, las plantas no crecerían y su pueblo no tendría alimento. Sin el sol, los niños no podrían salir a jugar, los pájaros no podrían salir a cantar y las flores no florecerían.

Así que el emperador le dijo al sol:

—¿No te gustaría ver hermosos bailes? Le pediré a los mejores músicos y bailarines que toquen y bailen para ti. Eso te ayudará a despertar.

—Bueno, si quieren que me despierte, que empiecen a tocar la música más alegre y que no paren de tocar y de bailar —respondió el sol.

Así que el emperador llamó a los mejores bailarines
y músicos. Los bailarines, adornados con hermosas
plumas de muchos colores, bailaron en la playa frente
a la pirámide más alta. La alegre música sonó y sonó con
fuerza, y el sol se despertó, subió al punto más alto en
el cielo y alumbró sobre todos, iluminando toda la Tierra.

El emperador hizo llamar a la lagartija color esmeralda. Se la puso en la palma de la mano y le agradeció haberlo ayudado a encontrar al sol. Luego llamó al carpintero de pecho rojo. Le pidió que se le posara en el hombro y le agradeció el haber ayudado a despertar al sol.

Desde entonces, cada año, el emperador organizó una gran fiesta, con alegre música y hermosos bailes, para que el sol nunca más se quedara dormido, escondido dentro de una roca.

Y desde ese día, a todas las lagartijas les encanta dormir al sol. Les gusta recordar el día en que una de ellas encontró el escondite del sol y ayudó a que regresara a darles luz y calor a todos.

Piénsalo

1 ¿Por qué crees que la lagartija se empeñó tanto en la búsqueda del sol?

2 ¿Por qué experimentó temor la gente con la desaparición del sol?

3 ¿Qué hechos fantásticos ocurren en la historia? Explícalos.

CONOCE
A LA AUTORA

Alma Flor Ada ● El sol se me
perdió el primer año que viví en Lima,
Perú. Allí es muy difícil ver el sol debido
a la cantidad de niebla que hay. No me
di cuenta de lo difícil que es vivir con un
cielo cubierto de niebla hasta que subí
a la Sierra de los Andes. ¡Cuánto brillaba
el sol allí!

Después de ese viaje, siempre que no
veía al sol, pensaba que él estaba arriba
de la niebla, en los Andes, y me volvía a
alegrar. Y es que una de las cosas más
importantes para mí es no darme por
vencida en los momentos difíciles. *La
lagartija y el sol*, una antigua leyenda
mexicana, me gustó sobre todo porque
la lagartija es muy persistente.

Nací en Camagüey, Cuba, el 3 de
enero de 1938, y empecé a escribir libros
para niños a los 27 años.

CONOCE
AL ILUSTRADOR

Felipe Dávalos ● En México, cuando
yo era un niño, no existía aún la televisión;
mis juguetes eran unos enormes libros.
Y es que, aunque todavía no entendía
las palabras ni las letras, las imágenes
me llevaban de golpe al mundo del
ensueño y de la fantasía. Desde entonces
decidí ser ilustrador.

Creo que las imágenes de los libros
deben informar y despertar la imaginación
al mismo tiempo. Pero sobre todo, las
ilustraciones deben complementar lo que
está escrito.

Por eso, para ilustrar un libro, leo y leo,
y leo el texto, y luego, juego con el lápiz
hasta que las imágenes se construyen
a sí mismas.

La lagartija y el sol fue mi primer
proyecto con Alma Flor Ada y espero que
vengan muchos más...

Canto de

En la casa de las pinturas
comienza a cantar,
ensaya el canto,
derrama flores,
alegra el canto.

Resuena el canto,
los cascabeles se hacen oír,
a ellos responden
nuestras sonajas floridas.
Derrama flores,
alegra el canto.

Sobre las flores canta
el hermoso faisán,
su canto despliega
en el interior de las aguas.
A él responden
varios pájaros rojos,
el hermoso pájaro rojo
bellamente canta.

primavera

Nezahualcóyotl

Libro de pinturas
es tu corazón,
has venido a cantar,
haces resonar tus tambores,
tú eres el cantor.
En el interior de la casa
de la primavera,
alegras a las gentes.

Tú sólo repartes
flores que embelesan,
flores preciosas.

Tú eres el cantor.
En el interior de la casa
de la primavera,
alegras a las gentes.

TALLER DE ACTIVIDADES

TU CIUDAD
DISEÑA UNA POSTAL

Imagina que eres como el pájaro carpintero que de vuelo en vuelo se la pasa viajando. ¿Cuántos lugares ya habrías explorado? Ilustra una tarjeta con una fotografía o un dibujo de un lugar que hayas visitado. Del otro lado escribe una nota invitando a alguien a visitar el lugar.

CONEXIONES
COMPARA EXPERIENCIAS

En este cuento los antiguos mexicanos experimentan temor por la desaparición del sol. Investiga sobre un **eclipse de sol**. Pregunta a tus maestros y familiares las experiencias que hayan vivido con los eclipses. Compara estas experiencias con lo que ocurre en esta historia.

PLAN DE VIAJE
HAZ UNA GUÍA DE VIAJE

El sol decidió visitar tu estado. ¿Qué lugares le sugieres? Haz una guía de viaje. Investiga en mapas y enciclopedias los lugares históricos y turísticos de tu región. Dobla una hoja de papel por la mitad, en un lado interior escribe los nombres de los lugares y lo que ahí se puede hacer; del otro lado pega o dibuja un mapa de tu estado y señala en él tus sugerencias; en el frente dibuja una portada. Entrega tu guía de viaje a la biblioteca de tu escuela.

¿QUIÉN AYUDÓ A LA LAGARTIJA?
USA LA MÍMICA

Indica a tus compañeros qué camino deben seguir para encontrar un lugar de la escuela. Éste puede ser la biblioteca, la dirección o la entrada principal. Da las instrucciones con mímica. Recuerda que no debes hablar, sólo utiliza tus manos, brazos y pies. Puedes usar guantes blancos para que tus manos sean más visibles.

VISITANTES
D E L
ESPACIO

Premio al
mejor autor

Texto de Jeanne Bendick

Ilustraciones de David Schleinkofer

¡Mira!
¡Un cometa!

Así se ve un gran cometa brillante en el cielo.

Hace mucho tiempo, la gente pensaba que un cometa era una señal de que algo terrible iba a pasar en la Tierra. Podía ser un terremoto, una inundación o tal vez una guerra. ¿Si no, por qué aparecería de repente una bola de fuego en el cielo?

En la actualidad sabemos mucho más acerca de los cometas. Un cometa no es un aviso de que vayan a ocurrir cosas malas. También sabemos que los cometas no aparecen de repente. Lo que pasa es que sólo podemos verlos cuando están cerca del sol.

La nube de Oort es una especie de concha gigantesca que rodea al sistema solar. La nube de Oort fue llamada así en honor al astrónomo holandés Jan H. Oort.

¿De dónde vienen los cometas?

Los *astrónomos* son científicos que estudian los planetas y las estrellas. Ellos creen que los cometas están formados por pedazos de roca, polvo, hielo y gas que quedaron en el espacio cuando se formó el *sistema solar,* hace alrededor de 4 mil millones de años. Al sistema solar lo integran el sol y su familia de planetas y lunas.

Los científicos creen que en el espacio remoto, mucho más allá del planeta más lejano de nuestro sol, hay una enorme nube de cometas que rodea a nuestro sistema solar. Es posible que haya miles de millones de cometas, moviéndose en todas direcciones como un enorme panal de abejas.

el viaje de un cometa

De vez en cuando, alguna estrella lejana le da un empujón o un jalón a un cometa y puede sacarlo violentamente de la nube de cometas. El cometa es arrojado entonces al espacio. O puede adentrarse en el sistema solar y moverse en dirección al sol.

Todo lo que hay en el sistema solar está unido al sol por una fuerza que no se puede ver. A esta fuerza se le llama *gravedad*.

La gravedad del sol atrae los planetas y sus lunas. Atrae las grandes rocas que flotan en el sistema solar, los llamados *asteroides*. Atrae los cometas. Y atrae a todos hacia la estrella que es el centro de nuestro sistema solar. Esa estrella es nuestro sol.

La gravedad del sol atrae a los planetas. Al mismo tiempo, la energía cinética de los planetas los lanza hacia el exterior. Sin embargo, ambas fuerzas permanecen en equilibrio perfecto.

cambian

Algunos cometas parecen esferas mal hechas y otros estrellas de cabello largo. Un cometa es al principio una bola de gases congelados. Un astrónomo los llama "bolas de nieve sucia".

Esa bola de nieve sucia es el *núcleo* del cometa. Es la semilla alrededor de la cual se forma el resto del cometa. Puede ser una gran semilla, de una milla (kilómetro y medio) o hasta varias de ancho.

A medida que el cometa se acerca al sol, el hielo comienza a derretirse por el calor. Los gases congelados se esparcen y forman una nube imprecisa alrededor del núcleo llamada *cabellera*, y puede medir medio millón de millas.

Cola de polvo

Cola de gases

La cola de gases es tan delgada que las estrellas se pueden ver a través de ella.

Una parte de la cabellera es empujada hacia atrás del cometa. Una fuerza procedente del sol, llamada *viento solar,* barre esta *cola* hacia afuera y atrás del cometa.

Casi todos los cometas poseen dos o más colas. Una de ellas está compuesta de gas. Es recta, larga, y llega a medir 10 millones de millas de longitud.

Las otras colas son más cortas y curvadas. Están compuestas de polvo espacial.

Las colas de un cometa siempre apuntan en sentido contrario al del sol. Cuando el cometa le da la vuelta al sol, el viento solar empuja la cola hacia el frente del cometa.

¿Por qué brilla un cometa?

En el espacio exterior, los cometas son oscuros.
No tienen luz propia.

Pero a medida que se acercan al sol empiezan a brillar porque sus partículas de hielo reflejan la luz solar.

Los cometas reflejan la luz del sol incluso de noche. Ese reflejo de la luz solar es también lo que hace que brillen nuestra luna y los planetas. Sólo las estrellas poseen luz propia.

Pero también los cometas brillan por otro motivo. El gas de la cabellera absorbe parte de la luz del sol. Se vuelve algo parecido al gas de una lámpara fluorescente. Alumbra.

Marte

La órbita de un cometa es casi siempre una elipse.

las órbitas

Los planetas dan vuelta al sol siguiendo caminos regulares llamados *órbitas*. La órbita de un planeta es casi redonda. Cuando un planeta completa una órbita alrededor del sol, se cumple un *año* en ese planeta.

Los cometas también describen órbitas alrededor del sol. Sus órbitas tienen la forma de un huevo. A estas órbitas se les llama *elipses*. Las órbitas de los cometas pueden ser sumamente largas si el camino del cometa se inicia en una zona del espacio muy lejana.

Algunos cometas tardan miles o incluso millones de años en completar sus órbitas. Otros tardan sólo unos cuantos años. Sus órbitas pueden cruzarse con las de los planetas. Al tiempo que tarda un cometa en completar su órbita se le llama *periodo*.

Los cometas avanzan muy rápido. Sin embargo, parecen quedarse casi inmóviles en el cielo durante varias noches seguidas. Esto se debe a que se hallan muy distantes. ¿Acaso la luna no parece también estar inmóvil? Hay que mirarla durante largo rato para darse cuenta de que se está moviendo.

El cometa
más famoso

Algunos cometas aparecen en el cielo una y otra vez. Se puede predecir cuándo regresarán. A estos cometas por lo general se les dan nombres. Normalmente se les da el nombre de la persona que los vio por primera vez.

El más famoso es el llamado cometa Halley. Podemos verlo aproximadamente cada 76 años, cuando más se acerca al sol. Su periodo es de 76 años.

El cometa Halley pasó junto a nosotros entre los años 1985 y 1986. Se le verá de nuevo en 2060. ¿Cuántos años tendrás para entonces?

Piénsalo

1. ¿Cuál es la diferencia entre un planeta y un cometa?

2. ¿Cuál es el dato más interesante que aprendiste sobre los cometas?

3. Si pudieras platicar con la autora, ¿qué le preguntarías? ¿Por qué?

Conoce a la autora

JeanneBendick

He escrito muchos, muchos libros. La lista llenaría dos o tres páginas. La mayor parte de ellos son libros sobre ciencias para lectores de tu edad.

No soy científica. Soy una escritora a quien le encantan las ciencias. Cuando conozco un tema nuevo, trato de explicarlo con palabras simples para que yo misma pueda entenderlo. Después escribo lo que entendí para que los lectores lo conozcan.

Con mis libros intento que los jóvenes se den cuenta de que las ciencias forman parte de la vida diaria. También intento que los lectores hagan preguntas e investiguen las respuestas. Siempre he pensado que las preguntas son más importantes que las respuestas porque el deseo de saber es un maravilloso tesoro.

Visita *The Learning Site*
www.harcourtschool/reading/spanish

Taller de

EL DOCTOR COMETA

DIBUJA UN COMETA

Dibuja un cometa y escribe el nombre de las partes que lo forman. Usa los datos de la selección para ayudarte. Después imagina que eres un científico que visita tu clase. Muestra el dibujo a tus compañeros y explica lo que sabes sobre los cometas.

ESPECTÁCULO DE LUCES

ESCRIBE UN POEMA

Imagínate que ves una lluvia de estrellas. Escribe un poema sobre este espectáculo. Basa tu poema en los datos de la lectura o en alguna otra fuente apropiada. Lee el poema a tus compañeros.

actividades

CAMINATA ORBITAL

CREA UNA ESCENOGRAFÍA

Forma un equipo de diez estudiantes para mostrar cómo los planetas de nuestro sistema solar giran alrededor del sol. Uno de ustedes será el sol y los demás serán los planetas. Investiguen el orden de los planetas a fin de que cada quien ocupe la posición que le corresponde. Caminen alrededor del "sol" para simular las órbitas.

CIENTÍFICOS DEL ESPACIO

ESCRIBE UNA BIOGRAFÍA

En una enciclopedia o libro de ciencias, busca información sobre algún astrónomo famoso como María Mitchell o Edmund Halley. Escribe un informe breve sobre esa persona. Lee tu trabajo ante la clase.

Conclusión del tema

Exploración

HAZ UN MURAL

En equipos hagan un mural que muestre cómo es nuestro mundo desde el centro de la Tierra hasta el espacio. Hagan dibujos que se relacionen entre sí para formar el mural. Utilicen creyones, marcadores o acuarela para darle color.

Poema espontáneo

ESCRIBE UN POEMA

Un poema espontáneo se crea con frases o palabras sobre un tema específico, escritas sin un orden particular. Analiza cualquiera de los cuentos que leíste en este tema. Escoge las palabras o frases relacionadas con el tema central. Escríbelas en el orden que desees. Haz un dibujo para tu poema.

¿Cuál es la conexión?

HAZ UN DIAGRAMA

Todas las lecturas de este tema están relacionadas con el tema principal: "¡Viva el mundo!", pero algunas también se relacionan con otras lecturas. Haz un diagrama como el que se muestra a continuación. Puedes incluir otros cuentos que hayas leído y que tú creas que se relacionen con el tema.

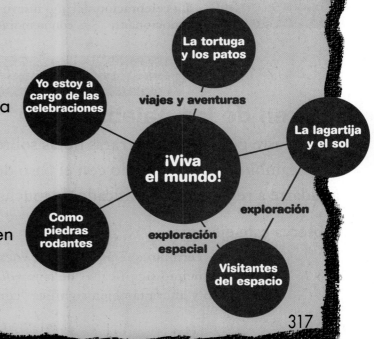

- La tortuga y los patos
- Yo estoy a cargo de las celebraciones
- viajes y aventuras
- La lagartija y el sol
- ¡Viva el mundo!
- exploración
- Como piedras rodantes
- exploración espacial
- Visitantes del espacio

317

Uso del glosario

Igual que los diccionarios, este glosario lista las palabras en orden alfabético. Para encontrar una palabra, sólo busca las primeras letras de la misma.

Para ahorrar tiempo, consulta las **palabras guía** al principio de cada página. Las palabras guía te dicen cuáles son la primera y última palabras de esa página. También indican si la palabra que buscas se encuentra entre ellas, siguiendo el orden alfabético.

Observa este ejemplo:

Origen de las palabras

En este glosario encontrarás notas sobre el origen de algunas palabras o los cambios que han tenido con el paso del tiempo. Estos datos pueden ayudarte a recordar el significado de muchas palabras.

Observa este ejemplo:

familiar Término que proviene del vocablo latino *familiaris*. En un principio significaba "de la *familia*", pero su significado se amplió y ahora también significa "conocido" o "usual".

A

adobe [a•do•be] *s.* Bloque de barro seco que se utiliza para construir muros: **El pueblo tenía muchas casas hechas con *adobe*.**

afanó [a•fa•nó] *v.* afanar Hacer algo con mucho empeño: **Coyote se *afanó* al acomodar las estrellas.**

afilados [a•fi•la•dos] *adj.* afilado Que corta con facilidad: **Para cortar la carne es mejor usar cuchillos *afilados*.**

alrededores [al•re•de•do•res] *s.* alrededor Zona que rodea un lugar: **La niña desconocía los *alrededores* de su casa.** *Sin.* inmediaciones, cercanía.

arbórea [ar•bó•rea] *adj.* Que vive en los árboles: **Algunas ranas son *arbóreas* y otras terrestres.**

artefactos [ar•te•fac•tos] *s.* artefacto Objeto o máquina de aspecto desconocido: **Sus coches son *artefactos* imposibles de manejar.**

artefactos

artesano [ar•te•sa•no] *s.* Trabajador que realiza a mano sus productos: **Esta máscara la hizo un *artesano*.**

asintió [a•sin•tió] *v.* asentir Admitir o aceptar algo: **Él *asintió* al oír mis palabras.** *Ant.* negar.

averigües [a•ve•ri•gües] *v.* averiguar Buscar la verdad sobre algo: **No regreses hasta que *averigües* dónde vive.** *Sin.* investigar, indagar.

B

bandada [ban•da•da] *s.* Grupo numeroso de aves: **Ella deseaba volar lejos con la *bandada* de pájaros.**

báscula [bás•cu•la] *s.* Instrumento para pesar objetos: **Pesé cinco aguacates en la *báscula*.**

C

canturreo [can•tu•rre•o] *v.* canturrear Tararear o cantar a media voz: **Mucha gente *canturrea* cuando está contenta.** *Sin.* tararear.

celebración [ce•le•bra•ción] *s.* Festejar algo especial: **La *celebración* de año nuevo es muy emocionante.** *Sin.* conmemoración.

cliente [clien·te] *s.* Persona que compra en una tienda: **Don Julio es mi mejor *cliente*.**

comarca [co·mar·ca] *s.* Cada una de las zonas en que se divide una región: **En esta *comarca* abundan los estanques.** *Sin.* territorio.

comarca

convivir [con·vi·vir] *v.* Relacionarse con las personas a nuestro alrededor: **Las fiestas sirven para *convivir* con los amigos.**

cordillera [cor·di·lle·ra] *s.* Conjunto de montañas: **En el mapa se ve la *cordillera* del Himalaya.** *Sin.* serranía.

cordillera

curiosa [Cu·rio·sa] *adj.* Curiosidad, deseo de saber y averiguar algo: **Aprendió mucho gracias a que era muy *curiosa*.**

chaparrón [cha·pa·rrón] *s.* Lluvia fuerte que dura poco tiempo: **Nos cayó un *chaparrón* al salir del cine.**

desafiante [de·sa·fian·te] *adj.* Provocador, que desafía: **Me miró en forma *desafiante*.** *Sin.* esparcir, diseminar.

dispersó [dis·per·só] *v.* dispersar Desparramar: **El viento *dispersó* las semillas.**

elipses [e·lip·ses] *s.* Figuras de forma ovalada: **Dibuja unos mapas en forma de *elipses*.**

empinadas [em·pi·na·das] *adj.* empinado Pendiente muy pronunciada: **Subíamos por cuestas muy *empinadas*.**

entonando [en·to·nan·do] *v.* entonar Cantar con el tono adecuado: **Juan está *entonando* para cantar bien.** *Ant.* desafinar.

escabulló [es·ca·bu·lló] *v.* escabullir Escapar: **El ratón se *escabulló* de las garras del gato.**

escaldó [es•cal•dó] *v.* **escaldar** Producir una herida: **Comí tanto chile que se me** *escaldó* **la lengua.**

escudriñó [es•cu•dri•ñó] *v.* **escudriñar** Investigar con mucho cuidado: **Ella** *escudriñó* **todas las piedras.**

estrambótico [es•tram•bó•ti•co] *adj.* Extraño, raro, fuera de lo común: **Ese edificio tiene un aspecto muy** *estrambótico.*

estrambótico

exhausto [ex•haus•to] *adj.* Que está totalmente cansado: **Corrió hasta caer** *exhausto. Sin.* cansado, rendido.

exhausto

extenuada [ex•te•nua•da] *v.* **extenuar** Cansancio, perder fuerzas: **Después de la caminata quedé** *extenuada.*

fecha [fe•cha] *s.* Día, mes y año en que ocurre algo: **La** *fecha* **de mi nacimiento es el 5 de octubre de 1980.**

fibras [fi•bras] *s.* Hilos muy resistentes de los tallos de las plantas: **El papel está hecho con** *fibras* **de madera.**

frecuencia [fre•cuen•cia] s. Que se hace un evento muchas veces: **Con** *frecuencia* **viene a visitarnos.**

fronda [fron•da] *s.* Conjunto de hojas y ramas que forman la copa de un árbol: **La** *fronda* **de este árbol da mucha sombra.**

hábil [há•bil] *adj.* Que puede hacer bien algo: **Coyote es muy** *hábil* **para cazar.** *Sin.* ingenioso, apto.

horizonte [ho•ri•zon•te] *s.* Línea aparente que separa el cielo de la tierra o del mar: **Cuando cayó a la laguna los patos ya volaban rumbo al** *horizonte. Sin.* confin, lejanía.

intrigados [in•tri•ga•dos] *v.* **intrigar** Que una cosa provoque mucha curiosidad: **Todos quedaron** *intrigados* **con su respuesta.**

321

invierno [in·vier·no] *s.* La estación más fría del año: **En *invierno* tenemos que abrigarnos muy bien.**

longitud [lon·gi·tud] *s.* Distancia de una superficie: **La *longitud* de este patio es de cien metros.**

machacar [ma·cha·car] *v.* Deshacer o aplastar a golpes: **Comenzamos a *machacar* el grano desde la madrugada.**

magma [mag·ma] *s.* Lava o materia ardiente que existe en el centro de la Tierra: **El *magma* es piedra derretida.** *Sin.* lava.

el volcán

mandado [man·da·do] *s.* Encargo: **Tengo que ir al mercado a comprar las cosas del *mandado*.**

máquinas [má·qui·nas] *s.* Aparatos que se utilizan para construir, transportarse, producir objetos: **En las fábricas se trabaja con *máquinas*.** *Sin.* artefacto.

máquinas

núcleo [nú·cle·o] *s.* Parte central y más importante de algo: **El *núcleo* de nuestro sistema planetario es el sol.**

obra [o·bra] *s.* Producto del trabajo: **Terminó su *obra* justo a tiempo.** *Sin.* resultado, creación.

pacas [pa·cas] *s.* **paca** Paquete de cualquier material prensado y atado: **Hicimos *pacas* de lana y algodón.**

pencas [pen·cas] *s.* **penca** Racimo formado por un conjunto de hojas o frutos: **Cortamos varias *pencas* de maguey.**

prensan [pren·san] *v.* **prensar** Apretar una cosa con la prensa: **Este libro lo acabo de** *prensar*. *Sin.* comprimir.

primavera [pri·ma·ve·ra] *s.* Estación del año en que las flores, las plantas y los árboles florecen: **No hay como ir al campo en** *primavera*.

proeza [pro·e·za] s. Acción valerosa: **Los animales alabaron la proeza de doña Tortuga.** *Sin.* hazaña, osadía.

pulpa [pul·pa] *s.* Masa tierna que se encuentra en el interior de las frutas: **Con la** *pulpa* **de la caña se puede hacer azúcar.**

R

rastro [ras·tro] *s.* Huellas que se dejan al pasar por un sitio: **No encontraron ni** *rastro* **de los ladrones.**

rastro

recomienda [re·co·mien·da] *v.* **recomendar** Pedir a otro que se encargue de un asunto o persona: **El maestro me** *recomienda* **hacer la tarea.**

remoto [re·mo·to] *adj.* Lejano: **Las estrellas están en un lugar** *remoto*. *Ant.* cercano.

remoto

réplicas [ré·pli·cas] *s.* **réplica** Copia idéntica de un objeto: **Vimos una** *réplica* **de esta estatua.** *Sin.* reproducción, duplicado.

réplicas

resplandecer [res·plan·de·cer] *v.* Brillar o lanzar rayos luminosos: **El sol comenzó a** *resplandecer* **muy temprano.** *Sin.* alumbrar, iluminar.

restaurarles [res·tau·rar·les] *v.* **restaurar** Regresar al estado anterior: **El mecánico pudo** *restaurarles* **la luz.** *Sin.* restituir, restablecer.

323

rodadoras [ro·da·do·ras] *s.* **rodadora**
Planta del desierto que rueda cuando se
seca: **Dos *rodadoras* pasaron junto a
nosotros.**

rodadoras

romántica [ro·mán·ti·ca] *adj.* **romántico**
Que expresa amor o da mucha importancia
al amor: **Me gusta esta película porque es
muy *romántica*.**

rondaba [ron·da·ba] *v.* **rondar** Dar vueltas
alrededor de algo: **Un mosquito *rondaba*
mi cabeza.** *Sin.* vigilar, asediar.

S

semejantes [se·me·jan·tes] *s.* **semejante**
Cada una de las personas que nos rodean:
Hay que ayudar a nuestros *semejantes*.
Sin. prójimo.

sequía [se·quí·a] *s.* Periodo de tiempo en el
que no llueve: **Este año la *sequía* acabó
con la cosecha.**

sistema [sis·te·ma] *s.* Conjunto de unidades
que forman parte de un todo: **Nuestro
sistema planetario tiene nueve planetas.**

sospechar [sos·pe·char] *v.* Desconfiar,
dudar: **Comenzamos a *sospechar* de lo que
nos decía.**

surtida [sur·ti·da] *adj.* **surtido** Que tiene
gran abundancia y variedad: **La tienda es
famosa porque siempre está bien *surtida*.**

técnica [téc·ni·ca] *s.* Procedimiento para
hacer algo: **Este trabajo debe hacerse con
técnica.**

temperatura [tem·pe·ra·tu·ra] *s.* Nivel de
calor de los cuerpos o el ambiente: **Cuando
subió la *temperatura*, comenzamos a
sudar.**

terremoto [te·rre·mo·to] s. Temblor o
sacudida de la tierra: **El *terremoto* duró
30 minutos.** *Sin.* temblor, sismo.

trayecto [tra·yec·to] *s.* Ruta que sigue una
persona o un objeto al viajar de un lugar a
otro: **El avión tuvo un *trayecto*
accidentado.** *Sin.* recorrido, camino.

trecho [tre·cho] *s.* Espacio de lugar o de
tiempo: **Se detuvo luego de caminar un
largo *trecho*.** *Sin.* tramo, distancia.

trovador [tro·va·dor] *s.* Persona que cuenta una historia en versos o en canciones: **La gente aplaudió al oír las canciones del trovador.** *Sin.* juglar, cantar.

turno [tur·no] *s.* Orden en un grupo para recibir o hacer algo: **En la fila la gente aguarda su turno pacientemente.**

ulular [u·lu·lar] *v.* Sonidos parecidos a la "u": **El búho comenzó a ulular.** *Sin.* gritar.

valle [va·lle] *s.* Terreno rodeado por montañas: **El río corre por el valle.** *Sin.* cuenca.

valle

Índice de títulos

Los números en color indican la página que contiene más información sobre el autor.

y **autores**

Acknowledgments

For permission to reprint copyrighted material, grateful acknowledgment is made to the following sources:

Atheneum Books for Young Readers, Simon & Schuster Children's Publishing Division: Cover illustration by Leonid Gore from *The Malachite Palace* by Alma Flor Ada. Illustration copyright © 1998 by Leonid Gore. *Cloudy With a Chance of Meatballs* by Judi Barrett, illustrated by Ron Barrett. Text copyright © 1978 by Judi Barrett; illustrations copyright © 1978 by Ron Barrett. *I'm in Charge of Celebrations* by Byrd Baylor, illustrated by Peter Parnall. Text copyright © 1986 by Byrd Baylor; illustrations copyright © 1986 by Peter Parnall. Cover illustration by Robert Roth from *mama provi and the pot of rice* by Sylvia Rosa-Casanova. Illustration copyright © 1997 by Robert Roth.

Boyds Mills Press, Inc.: *Leah's Pony* by Elizabeth Friedrich, illustrated by Michael Garland. Text copyright © 1996 by Elizabeth Friedrich; illustrations copyright © 1996 by Michael Garland.

Curtis Brown, Ltd: Corrected galley from *Borreguita and the Coyote* by Verna Aardema. Text copyright © 1992 by Verna Aardema. Originally published in *A Bookworm Who Hatched,* Richard C. Owen Publishers, Inc., 1993.

Candlewick Press, Cambridge, MA: From *Rocking and Rolling* by Phillip Steele. Text copyright © 1997 by Phillip Steele; illustrations copyright © 1997 by Walker Books Ltd.

Carolrhoda Books, Inc., Minneapolis, MN: Cover illustration by Peter J. Thornton from *Everybody Bakes Bread* by Norah Dooley. Copyright 1996 by Carolrhoda Books, Inc. Cover photograph by Bob Firth from *Farms Feed the World* by Lee Sullivan Hill. Copyright 1997 by Carolrhoda Books, Inc.

Chronicle Books: Alejandro's Gift by Richard E. Albert, illustrated by Sylvia Long. Text copyright © 1994 by Richard E. Albert; illustrations copyright © 1994 by Sylvia Long.

Clarion Books/Houghton Mifflin Company: Cover illustration from *What Do Authors Do?* by Eileen Christelow. Copyright © 1995 by Eileen Christelow.

Dial Books for Young Readers, a division of Penguin Putnam, Inc.: *Why Mosquitoes Buzz in People's Ears: A West African Tale,* retold by Verna Aardema, illustrated by Leo and Diane Dillon. Text copyright © 1975 by Verna Aardema; illustrations copyright © 1975 by Leo and Diane Dillon. Cover illustration by Bryna Waldman from *Anansi Finds a Fool* by Verna Aardema. Illustration copyright © 1992 by Bryna Waldman.

Farrar, Straus & Giroux, Inc.: Cover illustration from *Archibald Frisby* by Michael Chesworth. Copyright © 1994 by Michael Chesworth.

Harcourt Brace & Company: The Armadillo from Amarillo by Lynne Cherry. Copyright © 1994 by Lynne Cherry. Stamp designs copyright © by United States Postal Service. Reproduction of images courtesy of Gilbert Palmer, the National Aeronautics and Space Administration, the Austin News Agency, Festive Enterprises, Jack Lewis/Texas Department of Transportation, the Baxter Lane Company, Wyco Colour Productions, Frank Burd, and City Sights. Cover illustration from *Water Dance* by Thomas Locker. Copyright © 1997 by Thomas Locker. *Worksong* by Gary Paulsen, illustrated by Ruth Wright Paulsen. Text copyright © 1997 by Gary Paulsen; illustrations copyright © 1997 by Ruth Wright Paulsen.

HarperCollins Publishers: Cover illustration from *Fire! Fire!* by Gail Gibbons. Copyright © 1984 by Gail Gibbons.

Houghton Mifflin Company: Cover illustration by Blair Lent from *The Wave* by Margaret Hodges. Illustration copyright © 1964 by Blair Lent.

Alfred A. Knopf, Inc.: Illustration by Petra Mathers from *Borreguita and the Coyote* by Verna Aardema. Illustration copyright © 1991 by Petra Mathers.

Larousse Kingfisher Chambers, Inc., New York: From "Mapping the World" in *Young Discoverers: Maps and Mapping* by Barbara Taylor, cover illustration by Kevin Maddison. Text and cover illustration copyright © 1992 by Grisewood and Dempsey Ltd.

Little, Brown and Company: Yippee-Yay! A Book About Cowboys and Cowgirls by Gail Gibbons. Copyright © 1998 by Gail Gibbons.

Lothrop, Lee & Shepard Books, a division of William Morrow & Company, Inc.: If You Made a Million by David M. Schwartz, illustrated by Steven Kellogg, photographs of money by George Ancona. Text copyright © 1989 by David M. Schwartz; illustrations copyright © 1989 by Steven Kellogg; photographs of money copyright © 1989 by George Ancona.

Ludlow Music, Inc., New York, NY: "This Land Is Your Land," words and music by Woody Guthrie. TRO-©-copyright 1956 (Renewed) 1958 (Renewed) and 1970 (Renewed) by Ludlow Music, Inc.

The Millbrook Press: From *Comets and Meteors: Visitors from Space* (Retitled: "Visitors from Space") by Jeanne Bendick, cover illustration by Mike Roffe. Text © 1991 by Jeanne Bendick; cover illustration © 1991 by Eagle Books Limited.

Morrow Junior Books, a division of William Morrow and Company, Inc.: "The Ant and the Dove" from *Androcles and the Lion and Other Aesop's Fables,* retold in verse by Tom Paxton, cover illustration by Robert Rayevsky. Text copyright © 1991 by Tom Paxton; cover illustration copyright © 1991 by Robert Rayevsky .

Northland Publishing Company, Flagstaff, AZ: The Three Little Javelinas by Susan Lowell, illustrated by Jim Harris. Text copyright © 1992 by Susan Lowell; illustrations copyright © 1992 by Jim Harris. Cover illustration by Jim Harris from *The Tortoise and the Jackrabbit* by Susan Lowell. Illustration copyright © 1994 by Jim Harris.

Orchard Books, New York: Cocoa Ice by Diana Appelbaum, illustrated by Holly Meade. Text © 1997 by Diana Appelbaum; illustrations © 1997 by Holly Meade.

Richard C. Owen Publishers, Inc., Katonah, NY 10536: A Bookworm Who Hatched by Verna Aardema, photographs by Dede Smith. Text © 1992 by Verna Aardema; photographs © 1992 by Dede Smith.

Plays, Inc.: The Crowded House by Eva Jacob from *PLAYS: The Drama Magazine for Young People.* Text copyright © 1959, 1970 by Plays, Inc. This play is for reading purposes only; for permission to produce, write to Plays, Inc., 120 Boylston St., Boston, MA 02116.

G.P. Putnam's Sons, a division of Penguin Putnam Inc.: Cover illustration by Susan Gaber from *Jordi's Star* by Alma Flor Ada. Illustration copyright © 1996 by Susan Gaber.

Simon & Schuster Books for Young Readers, Simon & Schuster Children's Publishing Division: Cover illustration by Floyd Cooper from *Papa Tells Chita a Story* by Elizabeth Fitzgerald Howard. Illustration copyright © 1995 by Floyd Cooper. Cover photograph from *Earth: Our Planet In Space* by Seymour Simon. Photograph courtesy of NASA. *Coyote Places the Stars* by Harriet Peck Taylor. Copyright © 1993 by Harriet Peck Taylor.

Viking Penguin, a division of Penguin Putnam, Inc.: Cover illustration by Susanna Natti from *Cam Jansen and the Triceratops Pops Mystery* by David A. Adler. Illustration copyright © 1995 by Susanna Natti.

Photo Credits

Key: (t)=top, (b)=bottom, (c)=center, (l)=left, (r)=right

(child), Verna Aardema, 60; (house), Verna Aardema, 61; Verna Aardema, 62(tr); Verna Aardema, 63(c); Verna Aardema, 65(c); Verna Aardema, 66(t); Will Hildebrand, 68; Ross Humphries, 156; Davis Photography, 157; Photo © National Gallery of Art, Washington DC, 294; courtesy, Walker Books 313, NASA, 340; The Granger Collection, New York, 341(t); Richard A. Cooke III/Tony Stone Images, 365; Ed Degginger/Bruce Coleman, Inc., 366(r); D.R. Stocklein/The Stock Market, 367(l); Michael Levine/The Picture Cube, 367(r); Jeffry W. Myers/The Stock Market, 371.

All other photos by Harcourt Brace:

Brian Payne/Black Star, Tom Sobolik/Black Star, Walt Chrynwski/Black Star, Rick Friedman/Black Star, Alan Orling/Black Star, Gill Kenney/Black Star, John Troha/Black Star, Dale Higgins, Ken Kenzie.

Illustration Credits

Mark Buehner, Cover Art; Jennie Oppenheimer, 2-3, 10-11, 12-13, 116-117; Paul Cox, 4-5, 118-119, 120-121, 250-251; Dave LeFleur, 6-7, 252-253, 254-255, 360-361; Harriet Peck Taylor, 14-27, 28-29; Leo and Diane Dillon, 32-55, 58-59; David Galchutt, 56-57; Billy Davis, 74-75; Ron Barrett, 76-91, 92-93; Holly Cooper, 94-109, 114-115; Allen Eitzen, 110-113; Michael Garland, 22-137, 138-139; Katy Farmer, 140-141; Jim Harris, 142-157, 158-159; Holly Meade, 160-191, 192-193; Tuko Fujisaki, 194-195, 368-370; Gail Gibbons, 196-213, 216-217; Ruth Wright Paulsen, 214; Steven Kellogg, 218-245, 248-249; Ethan Long, 246-247, 136-137, 197, 216-217; Peter Parnall, 256-273, 274-275; Sylvia Long, 278-293, 296-297; Philip Steele, 298-313, 341-315; Lynn Cherry, 318-339, 342-343; David Schleinkofer, 344-357, 358-359